写真　一之瀬ちひろ

# 暮しの手帖の基本料理 目次

神田裕行さんの和食の基本料理……4

毎日のメニュー

肉じゃが…8　れんこんと豚肉のきんぴら…9　すき焼き…10
鶏そぼろの三色丼…11　カキの粕汁…12　金目鯛の粕漬け焼き…13
マグロの粕和え…13　エビとお麩の玉子とじ…14　ほうれん草の白和え…15
小松菜の煮びたし…16　里いもの炊き込みご飯…17　豚しゃぶ…18
〔コラム〕合わせ調味料…19　牛スジとこんにゃくの煮もの…20
豚の角煮…21　金目鯛の煮つけ…22　関西風おでん…23　ふろふき大根…24
筑前煮…25　エビと玉ねぎのかき揚げ…26　豚肉とごぼうのかき揚げ…26
ホタテと九条ねぎのかき揚げ…26　かき揚げ丼…26　豚のしょうが焼き…28
ブリの照り焼き…29　茶碗蒸し…30　タコときゅうりの酢のもの…31
白菜と椎茸の塩味おひたし…31　きじ焼き丼…32　干し貝柱のお粥…33
鶏雑炊…33　干しエビの炊き込みご飯…34　きざみうどん…34
うどんすき…35　九条ねぎと豆腐のみそ汁…36　豚小間のかき玉汁…36
ハマグリのおすまし…37　豆腐のとろみ汁…37

基本のおべんとう術　おにぎりべんとう
おにぎり8種…38　牛しぐれ煮べんとう…40
粕漬け焼きべんとう…41

年末年始のごちそう
ちらし寿司…42

三國清三さんの洋食の基本料理……46

毎日のメニュー

やわらかハンバーグ…50　フルーツハンバーグ…51
ポークソテー ア・ラ・トマト…52　和風牛肉ステーキ…53
カリカリ鶏もも肉のソテー…54　サーモンのソテー…55
カレイのアーモンドムニエル…56　〔コラム〕焼き方のコツ…57
コロッケ…58　イカと野菜の三色ベニエ…59　鶏肉のマカロニグラタン…60
かんたんスパニッシュオムレツ…62　きのこのスクランブルエッグ…63
フルーツグリーンサラダ…64　フルーツポテトサラダ…65
野菜ときのこのマリネ…66　ミネストローネ…67　クラムチャウダー…68
オニオングラタン…69　手羽先のうま味ポトフ…70
魚介のクリームシチュー…72　夏野菜カレー…73　ビーフストロガノフ…74
オムライス…76　トマトの冷製パスタ…77　かんたんカルボナーラ…78

トマトソースペンネ…79
基本のおべんとう術　洋食のおべんとう
鶏もも肉のソテーべんとう…81
ハンバーガーべんとう…82　ドライカレーべんとう…83
年末年始のごちそう
おもてなしホームディナー…84

## ウー・ウェンさんの中華の基本料理……88

毎日のメニュー
にんじんの塩炒め…92　ピーマンの炒めもの…93
大根の炒めもの…93　野菜の春巻き…94　大根のピリ辛煮もの…95
チンゲン菜の炒めもの…95　白菜の煮もの…96
キャベツの蒸しもの…96　〔コラム〕切り方のコツ…97
蒸し鶏…98　バンバンジー…99　鶏肉ときのこの炒めもの…99
鶏肉の細切り炒め…100　大きな肉団子（獅子頭）…101
豚ひき肉のシュウマイ…102　合いびき肉のシュウマイ…103
蒸し豚…104　チャーシュー…105　ねぎのホイコウロウ…106
牛すね肉の塩煮…107　牛すね肉のオイスターソース炒め…107
豚ひき肉のダシスープ…108　干し椎茸のダシスープ…108
桜エビのダシスープ…109　焦がししょう油スープ…109
麻婆豆腐…110　家常豆腐…111　厚揚げの炒め煮…111
中国風玉子焼き…112　茶玉子…112
玉子とトマト炒め…113　中国風茶わん蒸し…113
エビチリソース…114　白身魚の烏龍茶葉蒸し…116
ホタテ貝柱の塩炒め…117　キャベツと手羽肉の春鍋…118
羊肉とトマトの夏鍋…118　きのこの秋鍋…119
豚肉と白菜の冬鍋…119　玉子とねぎのチャーハン…120
黒酢とねぎの焼きそば…121　ビーフン…121
基本のおべんとう術　中華のおべんとう
肉団子べんとう…122　から揚げべんとう…123
サバの陳皮煮べんとう…124　ホイコウロウべんとう…125
年末年始のごちそう
集う日の中国料理…126

## 材料別さくいん……130

デザイン
林　修三
鈴木拓朗
熊谷菜都美
（リムラムデザイン）
新装保存版デザイン
細山田光宣　藤井保奈
（細山田デザイン事務所）
表紙写真
木村　拓
表紙料理
三國清三
プリンティングディレクター
山口理一
（凸版印刷株式会社）

絵　秋山　花

この本は2013年10月3日に刊行した、別冊『暮しの手帖の基本料理』と、2014年12月5日に刊行した別冊『暮しの手帖の基本料理2』を再編集して書籍化したものです。

# 和

# 神田裕行さんの和食の基本料理

料理　かんだ　神田裕行　写真　木村拓　スタイリング　久保百合子

# 一流の技でいつもよりおいしい、家庭料理の秘訣

## くり返して作って、わが家の味に。

さまざまなレシピがあふれる現在、料理じょうずになるには何から手をつけてよいか、悩むこともあると思います。しかし、家族は食べたことのない目新しい料理より、まずは「肉じゃが」「みそ汁」など、ふだん家で食べている料理をよりおいしく作ってほしいと思っているのではないでしょうか。今回はそんな家庭料理を、作りやすいレシピでお伝えします。

レシピを見て作るときは、自分なりのアレンジを加えたくなりますが、まず初めはレシピどおりに作ることをおすすめします。作る前に、頭の中でイメージをして、落ち着いて作りましょう。もし失敗しても、原因を考えながら、少なくとも2回は作ります。すると自分のクセや苦手な部分など、新しい発見があるはずです。

何度も作り、おいしくできるようになると、家族からリクエストされるようになります。そうなって初めて、味つけや材料のアレンジがうまくいきます。家族の意見を聞きながら、最終的にはご家庭の味にしてください。

## 料理に適したしょう油を使いましょう。

和食に欠かせない調味料、しょう油には、いくつかの種類があります。それぞれの特徴を知り、使いこなしましょう。

最も一般的な「こい口しょう油」は、うま味やほのかな酸味、甘味があり、煮もの、焼きもの、かけじょう油にと、万能に使うことができます。最近見かける「生《なま》しょう油」は、もろみを絞って濾過し、加熱処理をしておらず、刺身など素材の味が引き立ちます。

「うす口しょう油」は、こい口に比べて色が淡くて塩分が高く、すっきりした味わいです。お吸いものやうどんのつゆなど、ダシの風味を味わうものに用います。

「たまりじょう油」は小麦を使わずほぼ大豆だけで作られたもので、トロミと濃厚なうま味が特長です。煮ものに加えるとコクが出ます。

このように特徴を知れば、ダシを味わう関西風おでん（23頁）にうす口しょう油を用いるなど、料理に適したしょう油が理解でき、また、味を加減する場合もうまく調整できます。

神田裕行さん。東京虎ノ門にある「かんだ」店主。パリで修業を積んだ経験から、さまざまな視点で和食を追求している。

神田さん愛用のしょう油。生しょう油は、ふつうのこい口やうす口としても使える。小さなサイズを買って、なるべく早く使いきる。

## 重宝する丸底の鍋。

肉や野菜をじっくりと煮るとき、ご飯を炊くとき、かつお昆布ダシをとるとき。ふだんの調理に、底が丸くてある程度の深さがある鍋を使うと、材料や調理法が同じでも、ぐんとおいしくなります。その理由は、中の液体に対流が起き、味や熱が均一に、すばやく全体にまわるからです。

丸底鍋をまずひとつ選ぶなら、煮ものや炊飯などに幅広く使える土鍋をおすすめします。土鍋は金属に比べてゆっくりと熱が伝わる分、一度温まると冷めにくいのが特徴です。ご飯を炊くときも、余熱でじっくりと蒸らすことができるので、ふっくらと炊き上がります。また、土鍋のフタは、ある程度重量があり、適度な圧力がかかるので、牛スジ肉や大根のような火の通りにくい食材を、比較的短時間で調理することができます。

昔のかまどで使われていたお釜も底が丸く、上に重たい木のフタをのせて使っていました。しかし現在では、ＩＨ調理器など、家庭のコンロの種類によっては、底が平らな鍋しか使えない場合があります。その場合は、できるだけ口径の小さくて深い鍋を選び、煮汁の水位を高くすることで、対流を起こすことができます。

## 肉や魚介の水分を閉じ込めて加熱しましょう。

鶏肉やエビを焼いたり炒めたりしたとき、かたくなった経験はありませんか？　肉や魚介など、たんぱく質を多く含む食材は、うま味を内包する水分を含んでいます。しかし、たんぱく質は急激に加熱すると、収縮して、中の水分が外に出てしまいます。そのため、パサパサとかたい食感になり、水分と一緒にうま味も損なわれてしまうのです。

そうならないために、下ごしらえで肉や魚介に薄力粉や片栗粉をつけておくという方法があります。加熱しても、粉が膜となって水分が外に出ず、うま味をとじ込めたまま中まで火が通り、ふっくらとジューシーに仕上げることができます。

つける粉は、香ばしく仕上げたいブリの照り焼き（29頁）のような焼きものや炒めものなどには薄力粉を、エビとお麩の玉子とじ（14頁）のような全体にトロミをつけたい煮ものや汁ものなどには片栗粉を、と覚えて使い分けましょう。粉をつけることで、肉や魚介に煮汁やタレがよくからむという効果もあります。ただし、粉をつけすぎると重たい食感になるので、余分な粉ははたいて、なるべくうすくつけるようにしましょう。

牛スジとこんにゃくの煮もの（20頁）でも、下ゆでや煮込むときに、底の丸い土鍋を使うと、牛スジ肉が早く煮える。

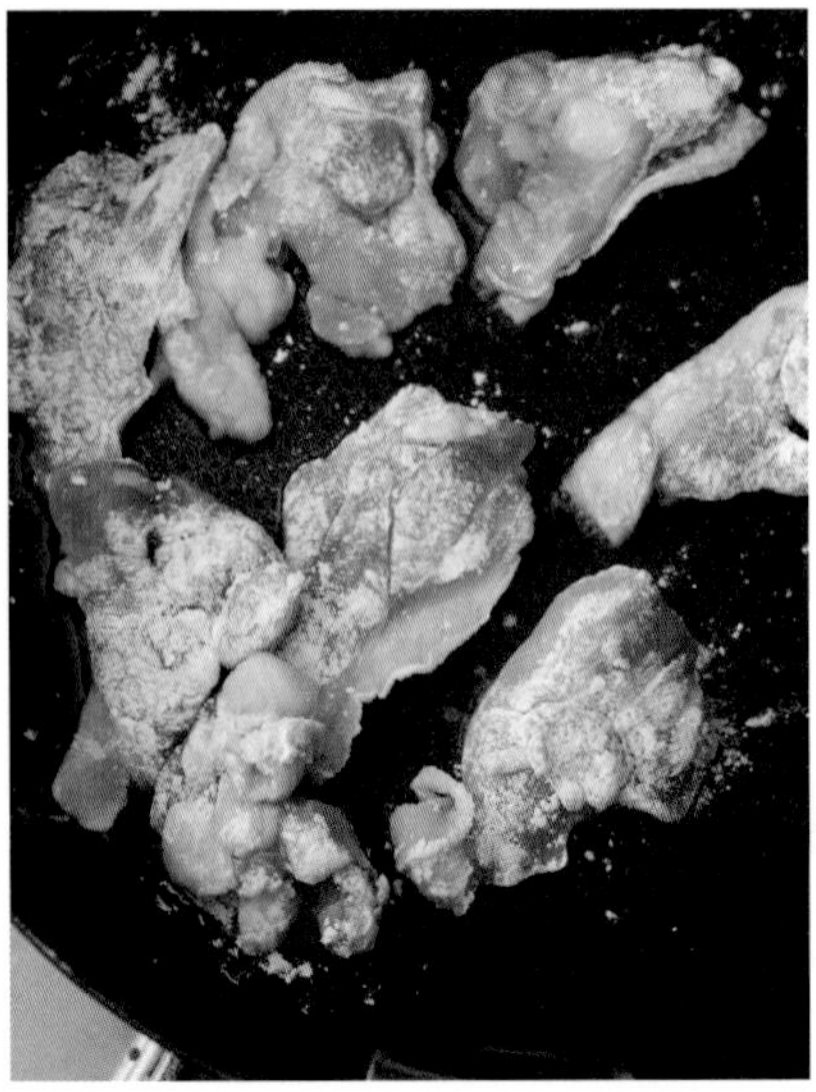

きじ焼き丼（32頁）では、鶏肉に薄力粉をうすくまぶしつけてから焼くと、香ばしく、ジューシーに仕上がる。

# いろいろなうま味を生かしたダシを使って、毎日のおかずに変化をつけましょう。

うま味は食材によって異なり、単独で使うよりも、組み合わせることで複雑なおいしさになります。料理に適したダシをとりましょう。

## 1　基本のかつお昆布ダシ

かつおぶしのうま味成分イノシン酸と、昆布のうま味成分グルタミン酸をかけ合わせます。

かつお昆布ダシのとり方

鍋に水1ℓ、昆布5g、かつおぶし20gを入れて中火にかけ、沸いたら弱火にして20分位煮て、キッチンペーパーをしいたザルで漉します。

## 2　干し椎茸ダシ

きのこに含まれるグアニル酸のうま味の、強い香りとコクのあるダシがとれます。ごぼうとともに魚を煮ると、魚のクセが取れます（22頁）。

干し椎茸ダシのとり方

軸を取った干し椎茸と水をボールに入れ、10分おいて水を捨て、再度水を加えて冷蔵庫で一晩おきます。

干し椎茸ダシ

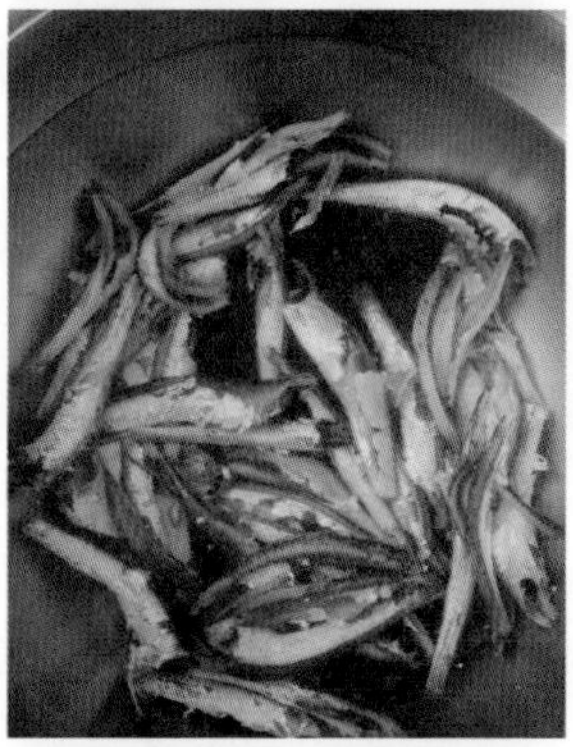

煮干し昆布ダシ

干しエビダシ

干し貝柱ダシ

## 3　煮干し昆布ダシ

魚や肉に多く含まれるイノシン酸のうま味を持つ煮干しと、グルタミン酸のうま味を持つ昆布をかけ合わせることで、味、香りの強いダシがとれます。煮干しの頭とワタは雑味の元なので、すっきりと上品に仕上げるには取り除くといいでしょう。煮干しも昆布も、うま味は冷水に溶けるので、水出しします。水出ししたあとの煮干しは、沸かすと雑味が出るので、漉してから沸かします。主に、みそ汁（36頁）、うどんのつゆ（34、35頁）、おでん（23頁）などに用います。

煮干し昆布ダシのとり方

煮干しは、頭とワタを手で取り除いてボールに入れ、昆布と水を加え、冷蔵庫で一晩おきます。キッチンペーパーをしいたザルで漉し、鍋に入れて強火で沸かして、アクを取ります。

## 4　干しエビダシ

イノシン酸と、グルタミン酸のうま味を持つ干しエビは、比較的手早く濃厚なダシがとれます。ほのかな甘味と独特の香りで、風味が強いなすと合わせて煮ものにしたり、逆に淡白なそうめんのつけ汁に加えたり、シンプルに炊き込みご飯（34頁）にしてもおいしいものです。

干しエビダシのとり方

鍋に干しエビと水を入れ、3～4時間おきます。鍋を強火にかけ、沸騰したらアクを取ります。

## 5　干し貝柱ダシ

グルタミン酸や、貝類に含まれるコハク酸のうま味を持ち、とても深いコクがあります。米（33頁）や野菜と一緒に炊くとうま味を増します。

干し貝柱ダシのとり方

干し貝柱と水をボールに入れ、冷蔵庫で一晩おきます。

◎かつお昆布ダシ以外の材料の分量は、それぞれのレシピに記してあります。

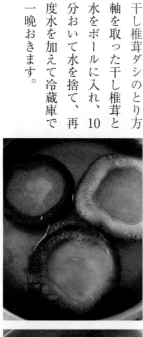

# 肉じゃが

フライパンでさっと炒め煮して手早く作れます。
素材の食感を生かした作り方です。

◎おいしさのポイント

煮込まずに、フライパンでさっと炒め煮して、玉ねぎをシャキッと仕上げます。じゃがいもの表面にしっかりと味をつけて、中までしみ込ませないので、素材の味が感じられます。

◎知ってうれしいコツ

じゃがいもは電子レンジにかけておくと、火にかける時間が短縮できます。じゃがいもを手で割って加えると、断面に凸凹ができ、味がよくしみます。

材料（4人分）

- 牛バラ肉（うす切り）…200g
- じゃがいも（男しゃく）…3コ
- 玉ねぎ…大$\frac{1}{2}$コ
- 割り下（19頁）…120mℓ

作り方

**1** 牛肉は食べやすい大きさに切ります。じゃがいもは皮ごと庖丁で半分に切ってラップで包み、電子レンジで6分加熱します。冷めたら手で皮をむき、食べやすい大きさに手で割ります。

**2** 玉ねぎはセンイを断つように幅1cmに切ります。

**3** フライパンを中火にかけ、牛肉と玉ねぎを炒めます。玉ねぎの端が透き通ってきたら、じゃがいもを加えます。

**4** 割り下を加えて強火にし、フライパンをゆすりながら煮からめます。肉とじゃがいもの表面に割り下がしみ込み、煮汁がなくなったら出来上がりです。

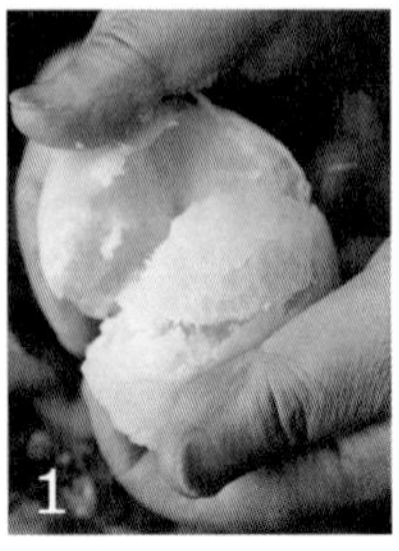


◎この本でご紹介しているレシピの分量は、カップ1杯は200mℓ、大サジ1杯は15mℓ、小サジ1杯は5mℓです。
計量カップや計量スプーンで量りにくいものは、g、mℓ、ℓで示しました。

# れんこんと豚肉のきんぴら

シャキシャキ、もっちりとした食感のれんこんと、豚肉を合わせた、ボリュームのあるきんぴらです。

◎準備のポイント
れんこんは電子レンジで加熱しておくことで、しっかりと火が通り、シャキシャキしながらも、もっちりとした食感が生まれます。

◎作り方のコツ
れんこんに薄力粉をまぶしつけてから焼くと、香ばしさが増します。また、味もよくからみ、照りよく仕上がります。

◎おいしさのポイント
ごま油で炒めると、食欲を増す風味が出ます。

材料（2人分）
- 豚バラ肉（うす切り）…150g
- れんこん…150g
- 細ねぎ…適量
- 割り下（19頁）…カップ$\frac{1}{4}$杯
- ごま油…小サジ1杯
- 薄力粉、七味唐辛子…各適量

作り方

**1** 豚肉は食べやすい大きさに切ります。細ねぎは小口切りにします。

**2** れんこんは皮をむいて厚さ5㎜に切り、耐熱容器に入れてラップをかけ、電子レンジで2分加熱します。キッチンペーパーで水気を拭き取り、薄力粉をうすくまぶします。

**3** フライパンを中火にかけ、ごま油をひいて、れんこんを炒めます。表面が透き通ってきたら、豚肉を加えて炒めます。

**4** 肉の色が変わったら、割り下を加え、強火にして、フライパンをゆすりながら煮からめます。煮汁がなくなったら火を止めます。

**5** 器に盛り、細ねぎを散らし、七味唐辛子を振っていただきます。

◎電子レンジの加熱時間は600Wのものを基準にしています。
500Wの場合は1.2倍、700Wの場合は0.8倍をめやすに加熱してください。

# すき焼き

割り下を使った関西風のすき焼きです。旬の具を加えて楽しみましょう。

◎おいしさのポイント
定番の長ねぎではなく、玉ねぎのシャキシャキとした食感が新鮮です。

◎アレンジのコツ
夏はトマト、秋はきのこを入れてもおいしくいただけます。シメにうどんやご飯を入れて、溶き玉子でとじるのもおすすめです。

材料（2～3人分）
- 牛ロース肉（うす切り）…200g
- 玉ねぎ…1コ
- ごぼう…$\frac{1}{2}$本
- クレソン…1束
- 焼き豆腐…$\frac{1}{2}$丁
- 白滝…1袋
- 割り下（19頁）…カップ$1\frac{1}{4}$杯位

作り方

**1** 玉ねぎは上下の端を切り、タテ半分に切ってから、センイを断って幅2cmに切ります。ごぼうは庖丁の背で皮をこそぎ、ささがきにします。クレソンは茎の根元を切り落とします。焼き豆腐は食べやすい大きさに切ります。牛肉は脂身の部分が多ければ取り除きます。白滝は水に軽くさらし、鍋に湯を沸かしてゆで、再び沸騰したらザルに上げて水気をきります。

**2** 鉄鍋に1のクレソン以外の具を並べ、具の高さの半分まで割り下を注いで、中火にかけます。具に火が通ったらクレソンを加えます。

# 鶏そぼろの三色丼

しょうがの効いたそぼろが食欲をそそります。
3種の具の、食感や味の違いがおいしい丼です。

◎準備のポイント
炒り玉子に加える三温糖は、水溶きして溶き玉子と混ぜておくことで、味が均一になります。

◎作り方のコツ
そぼろにしっかりと味を含ませるために、汁気がなくなるまでじっくりと煮詰めましょう。

材料（2人分）
- 鶏ひき肉…150g
- しょうが…1片
- グリンピース…大サジ4杯
- 玉子…2コ
- ご飯…400g
- 割り下（19頁）…カップ1/2杯
- 三温糖…小サジ2杯
- 塩…少々
- サラダ油…小サジ2杯
- 水…小サジ2杯

作り方

**1** しょうがはみじん切りにします。グリンピースに塩を振り、熱湯でゆでて、うす皮をむきます。

**2** 鶏そぼろを作ります。フライパンに鶏ひき肉、割り下、しょうがを入れ、中火にかけます。沸騰してきたら菜箸でかき混ぜます。汁気が少なくなってきたら、強めの中火にして、完全に汁気がなくなるまで菜箸で混ぜながら煮詰めます。

**3** 炒り玉子を作ります。ボールに三温糖と水を入れ、よく溶きます。玉子を割り入れ、菜箸で混ぜます。

**4** フライパンにサラダ油をひき、中火で熱して3を流し入れ、木ベラでよく混ぜます。玉子が固まってきたら弱火にして、木ベラで塊をつぶすようにして細かくほぐします。

**5** 丼にご飯を盛り、その上にグリンピース、鶏そぼろ、炒り玉子をのせます。

# カキの粕汁

酒粕の風味を生かした、穏やかで上品な味わい。
カキのうま味を味わうため、調味料は控えめに。

◎知ってうれしいコツ
酒粕ペーストの風味は、酒粕やみその種類によって異なるので、途中で味をみながら加える量を加減しましょう。

◎アレンジのコツ
野菜は、にんじん、かぶ、椎茸、水菜など、買い置きがあるもので結構です。

材料（2人分）
- カキ…80g
- 大根…50g
- ほうれん草…2株
- 柚子の皮…適量
- 酒粕ペースト（19頁）…約100g
- かつお昆布ダシ（7頁）…カップ1 1/2杯
- うす口しょう油…小サジ1/4杯

作り方

**1** 大根は皮をむき、長さ5cm、幅7mmに切ってから、厚さも同じ位の拍子木切りにします。ほうれん草は長さ5cmに切ります。柚子の皮はせん切りにします。カキは水でよく洗い、ザルに上げて水気をきります。

**2** 鍋にダシと大根を入れて中火にかけ、沸騰したら弱火にします。大根に火が通ったら、カキを加えます。カキに火が通ったら、ほうれん草を加えます。みそ漉し器などに酒粕ペーストを入れて、漉し入れます。半分以上溶かしたら、味をみながら酒粕ペーストの量を加減します。うす口しょう油を加えて火を止めます。

**3** 器に盛り、柚子の皮をのせます。

# 金目鯛の粕漬け焼き

酒粕ペーストに白みそを加えて風味ある粕床に。

◎知ってうれしいコツ
魚を漬けたあとの粕床は、余分な水気を除けば、もう1～2回使えます。

材料（2人分）
- 金目鯛…2切れ（150g）
- 酒粕ペースト（19頁）…360g
- 白みそ…240g
- 塩…小サジ1/4杯

作り方

1　金目鯛は両面に塩を振って、1時間ほどおき、出てきた水気をキッチンペーパーで拭き取ります。

2　ボールに酒粕ペースト、白みそを入れて練ります。バットの中で金目鯛全体を包むように酒粕ペーストを塗りつけ、ラップをぴったりとかぶせ、冷蔵庫で一晩～二晩おきます。

3　金目鯛についたペーストを取り、さっと洗って水気を拭きます。熱した魚焼きグリル（または焼きアミ）にのせ、両面を弱火で焼きます。

# マグロの粕和え

わさび漬けのような清々しい風味の和え衣です。

◎アレンジのコツ
ゆでた青菜や鶏のささ身を和えるのもおすすめです。具の水気をよくきってから和えるのがポイントです。

材料（2人分）
- マグロ（ぶつ切り）…100g
- 酒粕ペースト（19頁）…大サジ2杯
- わさび…小サジ1杯

作り方

1　ボールに酒粕ペーストとわさびを入れ、よく混ぜます。

※わさびの量は好みで加減して下さい。

2　1にマグロを加え、よく和えます。

# エビとお麩の玉子とじ

八方ダシのよくしみた麩とプリッとしたエビを、ふんわりと玉子で包みます。

◎知ってうれしいコツ
エビに片栗粉をまぶすことで、プリッとした食感に仕上がり、また、全体にトロミがつきます。

◎準備のポイント
玉子から余分な水分を取り除いておくことで、生ぐさみを消せます。

材料（2人分）
- むきエビ…50g
- 枝豆…7サヤ
- 玉子…2コ
- 玉子の白味…1コ分
- 車麩…1/2コ
- 八方ダシ（19頁）…90㎖
- 片栗粉、塩…適量
- ごま油…大サジ1杯

作り方
**1** ボールに車麩を入れ、水をヒタヒタになるまで注ぎ、半日ほどおきます。6等分に切り、しぼって水気をきり、八方ダシに5分位漬けます。手ですくい、別のボールに移し、元のボールに残った水分は捨てます。
**2** 塩揉みした枝豆を熱湯でゆで、サヤから豆を出してうす皮をむきます。ボールに背ワタを取ったエビ、玉子の白味、片栗粉大サジ1杯を入れてよく揉み、流水で汚れを取ります。キッチンペーパーで水気を拭き取り、片栗粉をうすくまぶします。
**3** 玉子をボールに割り入れます。
**4** フライパンにごま油をひき中火にかけ、エビを炒めます。焼き色がついたら1を八方ダシごと入れます。エビの色が変わりはじめたら、枝豆を加えます。さらに玉子を加え、木べラでゆるく混ぜます。玉子が半熟の状態で火を止めます。

# ほうれん草の白和え

豆腐の味わいを生かした、クリーミーな和え衣。
ほうれん草に下味をつけて味のメリハリを出します。

◎知ってうれしいコツ
ほうれん草は、ゆでて八方ダシに漬けておくことで、仕上がりの味がはっきりします。

◎アレンジのコツ
ゆで野菜以外にも、ゆでたエビ、ホタテなどの魚介類や、柿、マスカット、いちじくなどの甘酸っぱい果物でもよく合います。魚介類や果物の場合は八方ダシに漬けず、果物は、塩少々をまぶしてから和えます。

材料（2人分）
- ほうれん草…4株
- 塩…大サジ1杯
- 八方ダシ（19頁）…カップ$\frac{1}{2}$杯

和え衣（作りやすい分量）
- 木綿豆腐…150g
- 砂糖…大サジ$\frac{1}{2}$杯
- みりん…小サジ$\frac{1}{2}$杯
- うす口しょう油…小サジ$\frac{1}{2}$杯
- 塩…1つまみ
- 日本酒…少々

作り方

**1** 鍋に2ℓの湯を沸かし、塩を加え、ほうれん草をゆでます。氷水に入れて、しぼって水気をきり、長さ3cmに切ります。バットに八方ダシを入れ、ほうれん草を加え、30分ほど漬けます。

**2** 和え衣を作ります。豆腐は4等分に切り、湯を沸かした鍋に入れ、中火でゆでます。浮いてきたらすくってザルに上げます。冷めたら、フードプロセッサーに入れ、調味料を加えて攪拌します。ときどき止めて、ゴムベラで混ぜます。なめらかになったら、バットなどに移し、冷蔵庫で2〜3時間冷まします。

**3** ボールにかるく絞ったほうれん草、和え衣80gを入れて和えます。

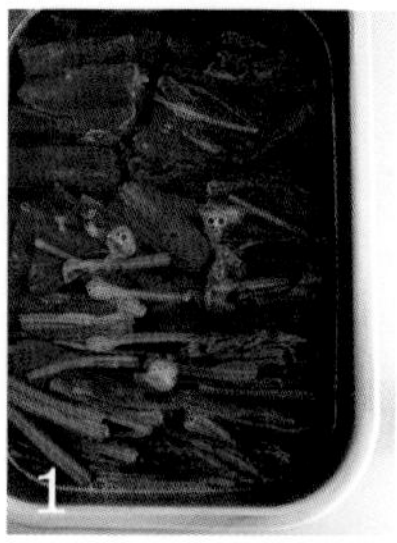

# 小松菜の煮びたし

シンプルな具の、あっさりとした煮びたしです。
煮汁をたっぷりと含んだ油揚げがアクセント。

◎作り方のコツ
ごま油で油揚げを炒めておくことで、ごま油の香りが油揚げに移り、風味が増します。

◎おいしさのポイント
できたてより、冷まして味を含ませると、いっそうおいしくなります。

◎知ってうれしいコツ
あれば、干し桜エビを手順3で加えて煮ると、うま味が増します。

材料（2人分）
- 小松菜…2株
- 油揚げ…1/2枚
- ごま油…大サジ1杯
- 八方ダシ（19頁）…カップ1/2杯

作り方

**1** 小松菜は長さ5㎝に切ります。油揚げは、長さ5㎝、幅1㎝に切ります。

**2** フライパンを弱火にかけ、ごま油をひいて、油揚げを焦げないように炒めます。

**3** 油揚げの表面がパリッと焼けたら、小松菜を加えて、中火にして炒めます。小松菜がしんなりしたら、八方ダシを加えます。八方ダシが沸騰したら軽く混ぜて火を止め、冷まして味を含ませます。

# 里いもの炊き込みご飯

里いもから出る水分を生かして、
八方ダシだけで味つける炊き込みご飯です。

◎準備のポイント
米は、吸水させたあと、余分な水気をしっかりきると、炊き上がりが水っぽくならず、ふんわりと仕上がります。ただし、乾燥しすぎると米が割れるので注意しましょう。

◎作り方のコツ
同じ分量で、炊飯器で炊いても結構です。火加減や時間は、ふだん通りにします。

◎知ってうれしいコツ
里いもは小さく切ることで、下ゆでしなくても火が通りやすくなります。

材料（作りやすい分量）
- 里いも
  …4～5コ（皮をむいて150g）
- 米…2合
- 八方ダシ（19頁）…430mℓ
- 三つ葉…適量

作り方

**1** 米をといで、たっぷりの水につけ、30分吸水させてからザルに上げ、20～30分おきます。

**2** 里いもは皮をむいて水にさらし、1.5cm角に切ります。三つ葉は葉を取って軸を小口切りにします。

**3** 土鍋に米、里いも、八方ダシを入れてフタをします。最初は弱火に2～3分かけ、鍋全体が温まったら強火にして沸騰させます。勢いよく蒸気が上がったら、中火にして絶えず湯気が出る状態で5分火にかけます。湯気が少なくなったら、弱火にしてさらに5分火にかけます。鍋底から全体に蒸気を回すため、仕上げに30秒強火にしてから火を止めます。

**4** 3～5分蒸らしてフタを取り、三つ葉を散らします。サックリと混ぜて茶碗によそいます。

2

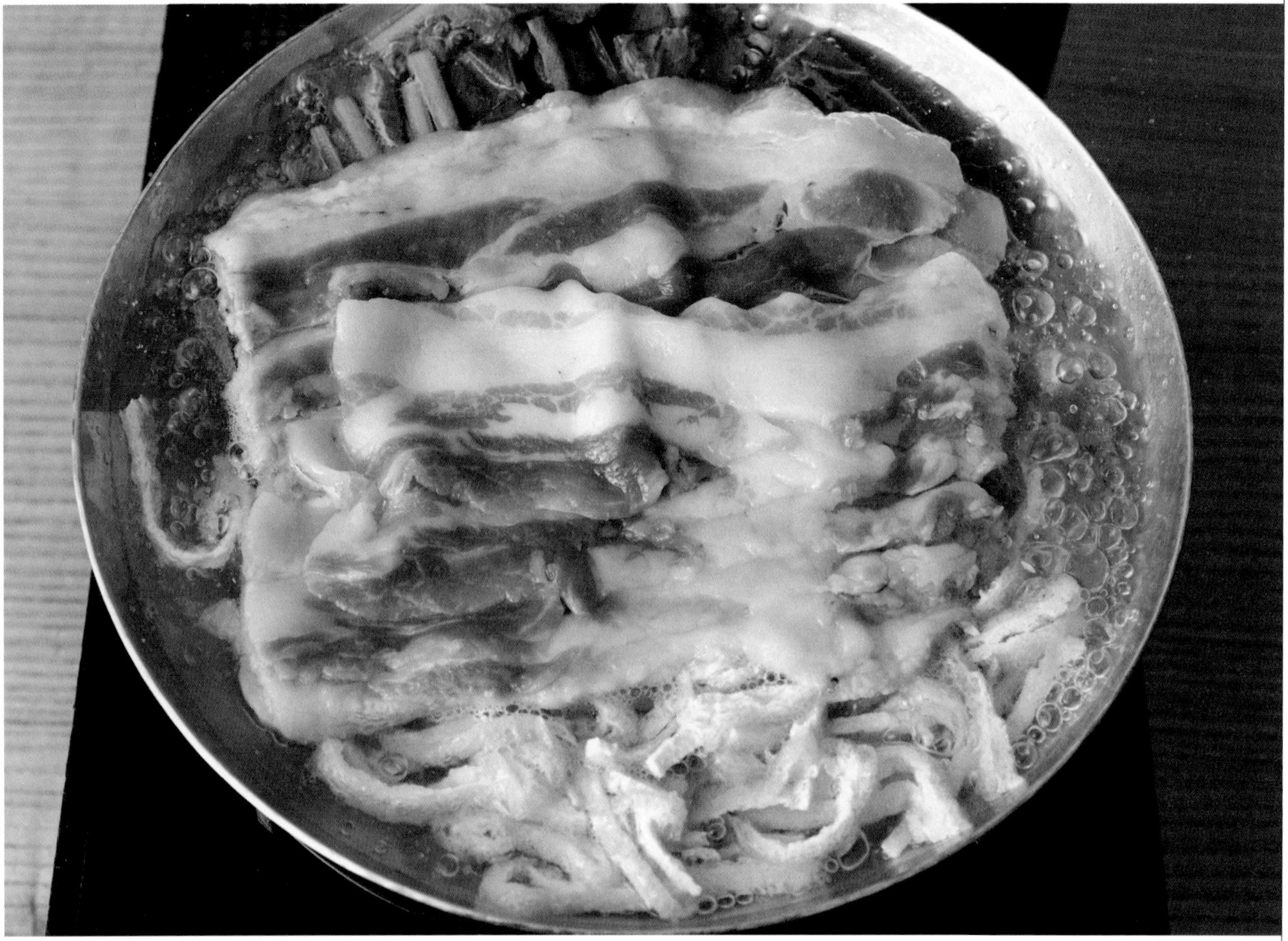

# 豚しゃぶ

八方ダシを、つけダレにしていただきます。
さっと気軽にできる、上品なしゃぶしゃぶです。

◎アレンジのコツ
豚肉の代わりに鶏肉や鴨肉、ほうれん草の代わりにレタスや白髪ねぎでもよく合います。柚子こしょうや七味唐辛子を添えても結構です。シメに、うどんや餅を加えるのもおすすめです。

材料（2～3人分）
- 豚バラ肉（しゃぶしゃぶ用）…200g
- ほうれん草…2束
- 油揚げ…1枚
- 八方ダシ（19頁）…適量

作り方

**1** ほうれん草は長さ5cmに切ります。油揚げは、さっと湯通しして、タテ3等分に切り、細切りにします。

**2** 鍋にほうれん草と油揚げを入れて、水をヒタヒタになるまで注ぎ、中火にかけます。沸いたら火が通りきらないうちに、上から豚肉を広げてのせます。

**3** 温めた八方ダシを呑水《とんすい》（鍋用の取っ手のついた小鉢）に入れます。豚肉に火が通ったら、八方ダシにつけていただきます。

3

# 合わせ調味料

8～18頁の料理は、3つの「合わせ調味料」を使いました。手早くおいしく味つけできるすぐれものです。

## 1　割り下

本来は、すき焼き（10頁）を味つけするための合わせ調味料です。牛肉（8頁）、豚肉（9頁）、鶏肉（11頁）などを煮たり、焼いて仕上げに加えたりと、肉と相性のよい甘辛味です。保存が利くので、たくさん作って常備しましょう。配合は、みりん8：日本酒2：しょう油3です。ビンなどに入れ、冷蔵庫で2～3カ月持ちます。

作り方（作りやすい分量・約120㎖）

鍋にみりん80㎖と日本酒大サジ1 1/3杯を入れて中火にかけ、ひと煮立ちさせてアルコールをとばします。火からおろし、冷めたらしょう油大サジ2杯を加えます。

## 2　酒粕ペースト

酒粕の風味を生かした上品な味つけの粕汁（12、44頁）の素です。酒粕は、溶けやすいように、水分を加えてフードプロセッサーにかけてペースト状にしておきます。また、白みそを加えて魚を漬けて粕漬け（13、41頁）に、わさびを加えて和えもの（13頁）にと展開できます。保存容器に入れ、冷蔵庫で1カ月ほど保存できます。水分が出たら除きます。

作り方（作りやすい分量）

酒粕350g、白みそ105g、煮切った日本酒と水各大サジ3杯をフードプロセッサーにかけ、なめらかになるまで撹拌します。

## 3　八方ダシ

かつお昆布ダシ8：みりん1：うす口しょう油1と覚えやすい割合で、幅広い使い方ができます。八方ダシ自体で味つけするものではなく、野菜などの風味を引き出す万能ダシです。ゆで野菜を浸したり（15頁）、野菜の煮びたし（16頁）、炊き込みご飯（17頁）、鍋もののつけダレ（18頁）、冷やして温泉玉子にかけたり、そうめんのつゆにしたりと、幅広く使えます。保存は利かないので、その都度作ります。

作り方（作りやすい分量・100㎖）

かつお昆布ダシ（欄外）80㎖、みりん小サジ2杯、うす口しょう油小サジ2杯を混ぜ合わせます。

◎かつお昆布ダシのとり方…鍋に水1ℓ、昆布5g、かつおぶし20gを入れて中火にかけ、沸いたら弱火にして20分位煮て、キッチンペーパーをしいたザルで漉します。

# 牛スジとこんにゃくの煮もの

牛スジ肉をじっくりと煮込んで柔らかく。シンプルな味つけで、肉の甘味を堪能します。

◎知ってうれしいコツ
牛スジ肉は、時間をかけて煮込むと柔らかく、おいしくなります。煮込む時間はかかりますが、手間はかかりません。

◎作り方のコツ
牛スジ肉は最初にゆでこぼすことで、余分な脂を取り除くことができます。

材料（作りやすい分量）
- 牛スジ肉…400g
- こんにゃく…1枚
- 細ねぎ…適量
- 日本酒…カップ$\frac{1}{4}$杯
- しょう油…90ml

作り方

**1** 牛スジ肉は食べやすい大きさに切ります。鍋（あれば底の丸い土鍋）に牛スジ肉を入れ、かぶる位の水を入れて強火で沸騰させます。アクを取ってから火を止めて、ゆで汁を捨て、30分ほど流水にさらし、脂を抜きます。ザルに上げて水気をきります。

**2** 同じ鍋に、牛スジ肉を再び入れ、ヒタヒタの水カップ$2\frac{1}{2}$杯位と、日本酒を加えて強火にかけ、フタをします。沸騰したらごく弱火にして、そのまま1時間ほど煮ます。

**3** こんにゃくは長さ5cm、幅2cm、厚さ5mmの短冊切りにし、熱湯でさっとゆでて水にさらします。細ねぎは小口切りにします。

**4** 2の鍋に、水気をきったこんにゃく、しょう油を加え、強めの中火にかけます。菜箸で肉を返しながら、肉にしょう油を炒りつけるように煮詰めます。水分がなくなり、照りが出たら火を止めます。器に盛り、細ねぎを散らします。

# 豚の角煮

こってりした味がトロリとからんだ豚肉と、
さっぱりしたゆで野菜のメリハリがおいしいひと品。

◎作り方のコツ
豚バラ肉は、フタつきの鉄鍋で煮ると、圧力鍋で煮るよりも柔らかくなり過ぎず、ほどよい歯ごたえになります。

材料（4人分）
- 豚バラ肉（ブロック）…350g
- 里いも…8コ
- 絹さや…8枚
- 片栗粉…大サジ1$\frac{1}{2}$杯
- 塩、練り辛子…適量

煮汁
- かつお昆布ダシ（7頁）…カップ3杯
- 日本酒…カップ$\frac{3}{4}$杯
- 三温糖…大サジ2杯
- こい口しょう油…大サジ1杯
- たまりじょう油…大サジ1杯

作り方

**1** 豚肉は、フタつきの鉄鍋に入れ、かぶる位の水を入れ、中火で沸騰させ、フタをして弱火で1時間煮ます。肉が柔らかくなったらゆで汁を捨て、流水にさらします。水が透明になるまでしっかりとさらします。

**2** 里いもは皮をむきます。絹さやはスジを取ります。鍋に湯を沸かし、里いもを、串がスッと通る位まで中火でゆでます。続いて、絹さやを塩ゆでします。

**3** 豚肉を4等分に切ります。鉄鍋に入れ、煮汁の材料を加えて中火にかけ、フタをせずに30～40分ほど煮ます。肉全体に煮汁の色がついたら、肉を取り出して器に盛ります。

**4** 鍋に残った煮汁を中火にかけ、沸騰したら弱火にし、片栗粉を同量の水で溶いてまわし入れます。トロミがつくまで木ベラで混ぜます。

**5** 煮汁適量を肉にかけます。里いもに軽く塩を振り、絹さやとともに添え、豚肉に練り辛子をのせます。

# 金目鯛の煮つけ

干し椎茸とごぼうの濃いうま味を含んだしっかりした味の煮汁を煮からめます。

◎おいしさのポイント
長く煮込まず、金目鯛本来の味と食感を生かします。椎茸とごぼうのコクやうま味、甘味を味わう煮魚です。

◎作り方のコツ
苦味が残らないよう、日本酒のアルコールをしっかりととばしましょう。

材料（2人分）
- 金目鯛…2切れ（150g）
- ごぼう…5㎝（30g）
- 干し椎茸ダシ（とり方は7頁）…干し椎茸1枚、水カップ3/4杯
- 日本酒…カップ1/2杯
- 三温糖…大サジ2杯
- たまりじょう油…大サジ1杯

作り方

**1**　ごぼうは庖丁の背で皮をこそぎ、タテ8等分にします。鍋に湯を沸かし、火が通るまでゆで、ザルに上げます。ダシをとった干し椎茸は表面に庖丁で浅く、斜めに切り込みを入れてから、大きめのうすいそぎ切りにします。

**2**　金目鯛は霜降りをします。鍋に湯を沸かし、金目鯛を入れて、表面が白くなったら、ボールの氷水に移し、手でぬめりを取ります。

**3**　フライパンに金目鯛の皮を上にして重ならないように入れます。空いたところにごぼう、椎茸を入れ、干し椎茸ダシ、日本酒を加えて中火にかけます。沸騰してアルコールがとんだら、アクを取り、3分位煮ます。

**4**　三温糖、たまりじょう油を加えて強火にして煮詰めます。ほぼ煮汁がなくなったら出来上りです。

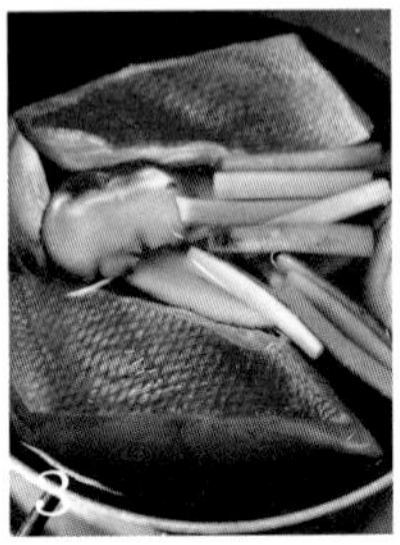

# 関西風おでん

煮干しダシがしっかりと効いたうす味の煮汁を具材にたっぷりしみ込ませます。

◎準備のポイント
具と一緒に昆布を煮るので、煮干しダシをとるときは昆布を加えなくて結構です。

◎作り方のコツ
ちくわ、餅きんちゃく、ごぼう天は、そのまま煮ても味がしみ込みにくいので、下ゆでして油を抜き、しっかりと味をしみ込ませます。

材料（4人分）
・大根…16㎝　・玉子…4コ
・ちくわ…2本
・餅きんちゃく…4コ
・小結び白滝…4コ
・ごぼう天…小4枚　・昆布…10㎝角
・煮干しダシ（とり方は7頁「煮干し昆布ダシ」参照）…煮干し（頭とワタを取り）50g、水2ℓ

調味料
・日本酒…カップ2杯
・うす口しょう油…大サジ2杯
・こい口しょう油…大サジ1杯
・みりん…大サジ2杯

作り方

**1**　大根は皮をむいて厚さ2㎝の輪切りにし、角の部分をうすくむきます。鍋に湯を沸かし、柔らかくなるまで20～30分ほど下ゆでします。玉子はかたゆでにしてカラをむきます。小結び白滝は、沸騰した鍋に入れ、再び沸騰したら取り出し、水気をきります。ちくわは3等分に斜め切りにします。ちくわ、餅きんちゃく、ごぼう天は、熱湯で2～3分ゆがき、油抜きをします。

**2**　大きな鍋に煮干しダシ、昆布、調味料を入れ、1の具を加えて中火にかけます。沸騰したらフタをして、弱火で10～15分煮ます。そのまま常温で冷まし、味をしみ込ませます。

# ふろふき大根

昆布のダシがしみ込んで柔らかく煮えた大根に、
コクのある肉みそをのせて。ご飯にもよく合います。

◎準備のポイント
大根の角の部分をうすくむく「面取り」をすることで、煮くずれしにくく、見た目がきれいに仕上がります。

◎作り方のコツ
大根は、米と一緒に下ゆでをすることで、アクが抜け、透明感が出ます。米のとぎ汁でゆでても結構です。

材料（4人分）
- 大根…16cm
- 鶏ひき肉…60g
- 米みそ…60g
- 米…1つかみ
- 昆布…10×5cm角
- しょうがのしぼり汁
　…おろししょうが1つまみ分
- みりん…75mℓ

作り方

**1**　大根は、長さ4等分に切り、厚めに皮をむいて面取りをします。鍋に大根と米を入れ、かぶる位の水を注ぎ、中火にかけます。沸騰したら弱火にして落としブタをし、芯の部分以外に透明感が出るまで30〜40分煮ます。

1

**2**　別の鍋に、1の大根を移し入れ、ヒタヒタの水と昆布を入れて中火にかけます。沸騰したら弱火にして落としブタをします。大根全体にしっかりと透明感が出て、ほのかに色づき、柔らかくなるまで30分位煮ます。

**3**　小鍋に、鶏ひき肉、みりんを入れて菜箸でほぐし、中火にかけます。菜箸で混ぜながら、肉の色が変わったら弱火にし、みそを少しずつ加えながら混ぜます。仕上げにしょうがのしぼり汁を加え、火を止めます。

**4**　器に大根を盛り、3をかけます。

# 筑前煮

干し椎茸、鶏肉から出たうま味が
根菜によくしみた、定番の煮ものです。

◎知ってうれしいコツ
煮る前に鶏肉の皮面を焼いておくと、香ばしく仕上がります。全体を焼いてから煮込むとかたくなるので、身には火を通しません。

材料（4人分）
- 鶏もも肉…300g
- 里いも…5コ　・ごぼう…1本
- れんこん…100g
- にんじん…100g
- 白こんにゃく…1枚（200g）
- 干し椎茸ダシ（とり方は7頁）
…干し椎茸1枚、水カップ$\frac{3}{4}$杯
- 三温糖…大サジ2杯
- しょう油…大サジ1杯
- たまりじょう油…大サジ1杯
- ごま油…大サジ2杯

作り方

**1**　ダシをとった干し椎茸を4等分に切ります。

**2**　こんにゃくは両面に浅く斜めに切れ目を入れ、3cm角に切ります。里いもは皮をむいて3cm角に切ります。ごぼうは庖丁の背で皮をこそぎ、乱切りにします。れんこんは皮をむき、厚さ2cmに切り、4等分にします。にんじんは皮をむき、タテ半分に切って乱切りにします。

**3**　鶏肉の皮に焼き色をつけます。フライパンを中火にかけ、温まったら鶏肉の皮を下にして入れ、その上から氷水を入れた鍋で押さえます。脂が出てきたらキッチンペーパーで拭き取り、均一に焼き色がついたら身の面は焼かずに火からおろして、3cm角に切ります。

**4**　大きなフライパンを中火で熱し、ごま油を入れ、2と3を加えて、油を全体に回すように菜箸で混ぜながら炒めます。椎茸とダシを加え、水カップ1$\frac{1}{2}$杯、三温糖を加えて30分位煮ます。鶏肉と野菜に火が通ったら、しょう油とたまりじょう油を加えて煮汁をとばして火を止めます。

**5**　そのまま半日おいて味をしみ込ませ、食べる直前に温め直します。

# エビと玉ねぎのかき揚げ

エビと玉ねぎの甘味がぎゅっと詰まったかき揚げ。具は2種類のみで、素材のうま味を味わいます。

◎おいしさのポイント
衣をうすくつけて、軽い食感の、ヘルシーなかき揚げに仕上げます。
◎知ってうれしいコツ
衣作りは、冷水を使い、薄力粉を混ぜ過ぎないことで、もったりとせず、サクサクとした食感に揚がります。

材料（1人分・2コ）
- 揚げ油…適量

具
- むきエビ…75g
- 玉ねぎ…1/4コ（50g）
- 三つ葉の軸…適量
- 薄力粉…小サジ2杯

衣（作りやすい分量）
- 玉子の黄味…1コ分
- 薄力粉…カップ1杯強
- 冷水…カップ1杯

天つゆ
- かつお昆布ダシ（7頁）…80mℓ
- みりん…大サジ1 1/3杯
- しょう油…大サジ1 1/3杯

作り方

**1** むきエビは、背ワタを取って、軽く洗い、キッチンペーパーで水気を拭き取ります。玉ねぎは幅1cmに切り、ほぐしておきます。三つ葉の軸は長さ3cmに切ります。

**2** 1をボールに入れ、具用の薄力粉を全体にまぶします。

**3** 天つゆの材料を鍋に入れて中火にかけ、沸騰したら火を止めます。

**4** 衣を作ります。ボールに玉子の黄味と冷水を入れて、菜箸でよく混ぜ合わせます。衣用の薄力粉を加えて、サックリと混ぜ合わせます。

**5** 小さなボールに、2の1/2量を入れ、衣大サジ1杯強を加えて混ぜます。同様にもうひとつ作ります。

**6** 鍋に揚げ油を入れて熱し、175℃になったら、5のひとつを形がくずれないように注意して入れます。間隔をおいて残りのタネも加え、タネにあまり触らず、きつね色になって、泡が小さくなるまで揚げます。天つゆをつけていただきます。

# 豚肉とごぼうのかき揚げ

噛むほどにおいしい、食べごたえのある組み合わせ。

材料（1人分・2コ）

具
- 豚ロース肉（うす切り）…60g
- ごぼう…15g ・九条ねぎ…10g
- 薄力粉…小サジ2杯

※具以外の材料は「エビと玉ねぎのかき揚げ」と同様です。

作り方

**1** 豚肉は幅2cmに、九条ねぎは小口切りにします。ごぼうは庖丁の背で皮をこそぎ、ささがきにします。

※手順2～6は「エビと玉ねぎのかき揚げ」と同様です。

# ホタテと九条ねぎのかき揚げ

あっさりとおいしい、上品な組み合わせ。

材料（1人分・2コ）

具
- ホタテ…70g ・九条ねぎ…30g
- 薄力粉…小サジ2杯

※具以外の材料は「エビと玉ねぎのかき揚げ」と同様です。

作り方

**1** ホタテは大きめにほぐし、九条ねぎは幅1cm、長さ3cmの斜め切りにします。

※手順2～6は「エビと玉ねぎのかき揚げ」と同様です。

〈ひと工夫のアレンジレシピ〉

## かき揚げ丼

揚げたてを割り下にくぐらせるとよく味がしみ込みます。どのかき揚げで作っても結構です。

作り方
揚げたてのかき揚げを、割り下（19頁）適量にさっと浸してご飯にのせ、粉山椒、青海苔を振ります。

ホタテと九条ねぎのかき揚げ
豚肉とごぼうのかき揚げ
エビと玉ねぎのかき揚げ

# 豚のしょうが焼き

甘辛い味がしっかりとからんだしょうが焼きに、三杯酢と混ぜたマヨネーズをかけたキャベツを添えて。

◎知ってうれしいコツ
肉を焼く前にタレに漬けておくことで、肉に下味がつき、焼き目がついて香ばしく仕上がります。

材料（2人分）
- 豚ロース肉（しょうが焼き用）…6枚
- キャベツ…100g
- ごま油…大サジ2杯

漬けダレ
- みりん…大サジ1杯
- 日本酒…大サジ1杯
- しょう油…大サジ1杯
- しょうがのしぼり汁…1片分

ドレッシング
- マヨネーズ…大サジ2杯
- うす口しょう油…小サジ2杯
- 純米酢…小サジ2杯
- みりん…小サジ2杯

作り方

**1** バットに漬けダレの調味料を混ぜて、豚肉を広げて入れて、2〜3分浸します。

**2** キャベツはせん切りにします。ドレッシングの調味料を容器に入れ、小さな泡立て器などでよく混ぜ合わせます。

**3** フライパンを弱めの中火で熱し、ごま油をひきます。温まったら1をタレごと加えます。タレを肉にからめながら、肉に火が通るまで両面を焼きます。

**4** 器にキャベツを盛り、ドレッシングをかけます。その上に3を盛りつけます。

1

# ブリの照り焼き

作り置きできる照り焼きのタレを使って、フライパンで手軽に作ることができます。

◎知ってうれしいコツ
ブリに薄力粉をまぶしてから焼くことで、身がパサつかず、焼き目がついてタレがよくからみ、照りよく仕上がります。

◎アレンジのコツ
「照り焼きのタレ」は、サワラ、カジキマグロ、タラなどの照り焼きもおいしく作れます。保存ビンに入れ、冷蔵庫で2～3カ月持ちます。

材料（2人分）
- ブリ…2切れ
- 薄力粉…適量
- サラダ油…小サジ1杯
- 木の芽…適宜

照り焼きのタレ（作りやすい分量）
- みりん…カップ1/2杯
- 日本酒…カップ1/2杯
- こい口しょう油…75ml
- たまりじょう油…75ml
- 三温糖…70g

作り方

**1** 照り焼きのタレを作ります。鍋にみりん、日本酒を入れて中火にかけて沸騰させてアルコールをとばします。火を止め、三温糖を加えて溶かし、こい口しょう油、たまりじょう油を加えて混ぜます。

**2** ブリは、庖丁で骨をそぎ取り、薄力粉を全面に軽くまぶします。

**3** フライパンを中火にかけ、サラダ油をひき、2を皮から焼きます。返して両面を焼き、脂が出てきたらキッチンペーパーで拭き取ります。焼き色がついたら弱火にし、照り焼きのタレ大サジ2杯を加え、全体にからめて火を止めます。

**4** 器に盛り、あれば木の芽を添えます。

# 茶碗蒸し

ほんの少しのみりんが隠し味の、やさしい味わい。鶏とエビのうま味が味の決め手です。

◎知ってうれしいコツ
鶏肉をうす口しょう油で揉んでおくと、鶏のクセが消え、かつ、下味がつき、鶏の味がはっきりします。

◎準備のポイント
具は、サジにのる位の大きさに切りそろえると、食べやすくなります。

材料（4人分）
- 鶏もも肉（皮なし）…24g
- むきエビ…8尾
- 椎茸…2枚
- 三つ葉…2本
- 柚子の皮…適量
- うす口しょう油…大サジ1杯
- 玉子の白味…1コ分
- 片栗粉…大サジ1杯

玉子液
- 玉子（L玉）…2コ（110㎖）
- かつお昆布ダシ（7頁）…310㎖
- うす口しょう油…小サジ1½杯
- みりん…小サジ1杯
- 塩…1つまみ

作り方

**1** 椎茸は軸を取り除いて6等分に切り、水で洗ってしぼります。三つ葉は3㎝に切ります。鶏肉はひと口大に切り、ボールに入れて、うす口しょう油を加えて揉みます。エビは背に庖丁で切れ目を入れ、背ワタを取ります。別のボールにエビ、玉子の白味、片栗粉を入れてよく揉み、流水で流してエビの汚れをしっかりと取ります。キッチンペーパーで水気を拭き取ります。

**2** ボールに玉子液の材料を入れて、泡立て器でよく混ぜます。

**3** 1人分の器に、1、柚子の皮、玉子液をそれぞれ1/4量ずつ入れてフタ（またはラップ）をします。同様に残りの3つを作ります。

**4** 沸騰した蒸し器に3を入れ、3分経ったら蒸し器のフタをずらして中火で7~10分蒸します。器ごと揺らしてみて、全体が揺れたら中まで火が通っています。

# タコときゅうりの酢のもの

フルーティーなすだちの酸味でいただく酢のもの。

◎知ってうれしいコツ
タコをタテにうすく切ると、食感が柔らかくなり、食べやすくなります。

材料（2人分）
• ゆでタコ…50g
• きゅうり…10cm
• 海苔…1/4枚　• 塩…少々
• すだちのしぼり汁…適量
• うす口しょう油、純米酢、みりん
…各小サジ2/3杯
• しょうが…適宜

作り方
**1**　タコは長さ5cmに切り、タテにうす切りにします。きゅうりは長さ半分に切り、タテにうす切りにします。塩で揉んで、しぼって水気をきります。
**2**　ボールに調味料を入れて混ぜます。タコ、きゅうり、ちぎった海苔、すだちのしぼり汁、好みですりおろしたしょうがを加えて和えます。

# 白菜と椎茸の塩味おひたし

椎茸のうま味に、柚子がアクセント。

◎おいしさのポイント
白菜の水分で蒸し焼きにして、冷ましていただくおひたしです。

材料（4人分）
• 白菜…200g
• 椎茸…4枚　• 柚子の皮…少々
• 炒りごま（白）…大サジ1杯
• 塩…3g
• ごま油…大サジ3杯

作り方
**1**　白菜はひと口大に切ります。椎茸は、軸を取ってうす切りにします。
**2**　フライパンを中火で熱し、ごま油をひいて1を炒めます。全体に油がまわったら、塩を加えてフタをして蒸し焼きにして火を通します。バットに移し、室温で冷まします。
**3**　冷めたら、せん切りにした柚子の皮とごまを振りかけて和えます。

# きじ焼き丼

甘辛味の鶏肉に万願寺唐辛子の苦味がアクセント。海苔と粉山椒を加えると、風味が増します。

◎作り方のコツ
照り焼きのタレは強火のまま加えると焦げやすいので、火を止めて、フライパンの熱が少し下がってから加えましょう。

◎アレンジのコツ
万願寺唐辛子は、ししとうで代用しても結構です。

材料（2人分）
- 鶏もも肉…200g
- 万願寺唐辛子…2本
- ご飯…丼2杯
- 海苔…適量
- 照り焼きのタレ（29頁）
  …大サジ2杯
- 薄力粉…適量
- サラダ油…小サジ2杯
- 粉山椒…適宜

作り方

**1** 万願寺唐辛子は長さ3㎝に切って種を取り、大きければ半分に切ります。鶏肉は斜めに庖丁を入れて皮ごと大きめのうすいそぎ切りにし、薄力粉をうすくまぶしつけます。

**2** フライパンを中火に熱してサラダ油をひき、鶏肉を炒めます。脂が出てきたら万願寺唐辛子を加えて炒めます。

**3** 鶏肉に焼き色がついて、炒めている音が変わってきたら、火を止めて、キッチンペーパーで脂を拭き取ります。フライパンの熱が少し下がったら、タレを加えて、フライパンをゆすって全体にからめます。

**4** 丼にご飯を盛り、3をのせて、海苔をちぎって散らします。好みで粉山椒を振っていただきます。

3

# 干し貝柱のお粥

貝柱のダシでご飯を煮るシンプルなお粥です。

◎アレンジのコツ
きのこを入れて煮込んだり、塩昆布や、あぶった明太子を仕上げに入れるのもおすすめです。

材料（2人分）
・干し貝柱ダシ（とり方は7頁）
…干し貝柱15g、水カップ$2\frac{1}{2}$杯
・冷やご飯…150g
・塩…適量

作り方
もどした貝柱をほぐし、ダシごと鍋に入れ、中火にかけます。沸騰したらアクをすくい、ご飯をほぐして加えます。フツフツとしてきたら弱火にし、ときどきお玉で混ぜながら5分ほど煮て、塩で味をととのえます。

# 鶏雑炊

しょうがのしぼり汁入りで、身体が温まります。

◎作り方のコツ
仕上げに鍋肌から玉子をまわし入れると、ほどよく固まります。

材料（2人分）
・鶏もも肉…150g　・九条ねぎ…50g　・ご飯…100g　・玉子…1コ　・しょうがのしぼり汁…大サジ1杯　・かつお昆布ダシ（7頁）…カップ$1\frac{1}{4}$杯　・みりん…小サジ$2\frac{1}{2}$杯　・うす口しょう油…小サジ$2\frac{1}{2}$杯　・塩…1つまみ

作り方
1　鶏肉はうす切りにして小さめに切ります。九条ねぎは斜め4〜5cmに切ります。
2　土鍋にダシを入れて中火にかけ、沸騰したら鶏肉を加えて煮て、アクを取ります。鶏肉に火が通ったら、調味料とご飯を加えます。煮立ったら、しょうがのしぼり汁を加え、よく溶いた玉子を鍋肌からまわし入れます。九条ねぎを加え、フタをして火を止めます。

# 干しエビの炊き込みご飯

干しエビのうま味にしょうがの風味がよく合います。

◎アレンジのコツ

ご飯の調味ダシは、そうめんのつけつゆにしてもおいしくいただけます。

材料（3〜4人分）

- 干しエビダシ（とり方は7頁）…干しエビ12g、水420㎖
- 米…2合　・三つ葉…適量
- しょうが…20g
- みりん…大サジ$2\frac{2}{3}$杯
- うす口しょう油…大サジ$2\frac{2}{3}$杯

作り方

**1**　米をとぎ、30分ほど浸水させて、ザルに上げて水気をきります。しょうがはせん切りにします。

**2**　炊飯器に米を入れます。ボールにダシともどしたエビ、調味料を入れて混ぜ、炊飯器に加えます。しょうがをのせてフタをします。

**3**　ふだん通りに炊きます。炊き上がったら、小口切りにした三つ葉の軸を加えて混ぜます。

# きざみうどん

関西では定番の、刻んだ油揚げが主役のうどん。

◎おいしさのポイント

こい口しょう油でコクを出します。

材料（2人分）

- 油揚げ…1枚　・九条ねぎ…2本
- うどん（冷凍）…2玉　・煮干し昆布ダシ（とり方は7頁）…煮干し（頭とワタを取り）30g、昆布10g、水1ℓ　・みりん、うす口しょう油…各大サジ$1\frac{1}{3}$杯　・こい口しょう油…小サジ2杯

作り方

**1**　油揚げは、細切りにして熱湯でさっとゆで、しぼって水気をきります。九条ねぎは斜めうす切りにします。うどんは表示通りにゆで、ザルに上げて湯をきります。

**2**　鍋に、煮干し昆布ダシ、調味料、油揚げを入れて中火にかけ、沸騰したら、うどんと九条ねぎを入れて、さっと煮ます。

# うどんすき

煮干し、鶏肉、ハマグリ、野菜のうま味が溶け合った奥深いおいしさです。

◎作り方のコツ
うどんは、早くから入れるとのびてしまうので、ほかの具に火が通ってから加えましょう。

材料（4人分）

- 鶏もも肉…200g
- ハマグリ…4コ
- 白菜…4枚（150g）
- 春菊…70g
- 椎茸…2枚
- 長ねぎ…1本
- うどん（冷凍）…2玉
- 煮干し昆布ダシ（とり方は7頁）…煮干し（頭とワタを取り）30g、昆布10g、水カップ4 1/2杯
- みりん…大サジ2杯
- うす口しょう油…大サジ2杯
- こい口しょう油…大サジ1杯
- 柚子の皮、粉山椒…各適宜

作り方

**1** ハマグリは、塩分3%の塩水につけて冷蔵庫で一晩おいて砂抜きをします。鶏肉は食べやすい大きさに切り、バットに入れ、しょう油大サジ1杯（分量外）で軽く揉みます。白菜は3cm角に切ります。春菊は茎を落とします。椎茸は軸を取って半分に切り、表面に斜め格子に浅く切り込みを入れます。長ねぎは斜め5cmに切ります。うどんは表示通りにゆで、ザルに上げて湯をきります。

**2** 土鍋に、煮干し昆布ダシ、調味料を入れて混ぜます。1の春菊とうどん以外の具を入れて、中火にかけます。アクが出たら取り、具に火が通ったら、うどんを加え、春菊をのせてさっと火を通します。好みで、刻んだ柚子の皮や粉山椒を添えていただきます。

# 九条ねぎと豆腐のみそ汁

シンプルな具で、ダシとみその風味を生かします。

◎知ってうれしいコツ
煮干しダシには赤みそが合います。

材料（2人分）
- 九条ねぎ…1/2本　•木綿豆腐…1/6丁（50g）　•赤みそ…10g
- 煮干し昆布ダシ（とり方は7頁）
…煮干し（頭とワタを取り）10g、昆布3g、水カップ1 1/2杯

作り方

**1**　九条ねぎは斜め2cmに、豆腐は3cm角に切ります。

**2**　鍋に、煮干し昆布ダシ240㎖、九条ねぎ、豆腐を入れて中火にかけます。沸騰する前に赤みそを溶かし入れ、沸騰したら火を止めます。

# 豚小間のかき玉汁

片栗粉でトロミをつけたボリューム満点の汁もの。

◎準備のポイント
肉に下味をつけることで、やさしいかき玉のなかにもメリハリが出ます。

材料（2人分）
- 豚小間切れ肉…100g
- 玉子…1コ　•三つ葉…適量
- しょうがのしぼり汁…少々
- かつお昆布ダシ（7頁）
…カップ1 1/2杯
- 片栗粉…大サジ1杯
- うす口しょう油…大サジ2杯
- みりん…小サジ1杯

作り方

**1**　豚肉はボールに入れ、うす口しょう油大サジ1杯を加えて揉み、片栗粉をまぶします。別のボールに玉子を割り入れ、菜箸でよくほぐしておきます。三つ葉は長さ3cmに切ります。

**2**　鍋にダシ、みりん、うす口しょう油大サジ1杯を入れて中火にかけ、沸いたら肉を1枚ずつ入れます。肉に火が通ったら、しょうがのしぼり汁、三つ葉を加え、玉子を入れてかき混ぜ、さっと煮て火を止めます。

# ハマグリのおすまし

ハマグリから出る濃いうま味を生かした上品な汁もの。

◎おいしさのポイント
ハマグリの塩分だけでいただく汁ものですが、足りなければ塩を加えて味をととのえても結構です。

材料（2人分）
- ハマグリ…大4コ
- 長ねぎ（白い部分）…5cm
- 昆布…5cm角
- 日本酒…大サジ2杯
- 水…カップ1杯
- 木の芽、塩…各適宜

作り方

**1** ハマグリは、塩分3%の塩水につけて冷蔵庫で一晩おいて砂抜きをします。長ねぎはタテに切れ目を入れて芯を抜き、外側の部分をタテに細切りにします。

**2** 鍋に、ハマグリ、昆布、日本酒、水を入れ、弱火にかけます。アクをすくい、煮立ったら昆布を取り出します。ハマグリが開いたら火を止めます。器に盛り、長ねぎと、あれば木の芽を添えます。

# 豆腐のとろみ汁

トロリとした食感の、やさしい梅味です。

◎アレンジのコツ
絹ごし豆腐で作るとよりなめらかに。

材料（2人分）
- 木綿豆腐…2/3丁（200g）
- 梅干し…2コ
- 三つ葉、海苔…各適量
- かつお昆布ダシ（7頁）…カップ1 1/2杯
- 片栗粉…大サジ1杯弱
- うす口しょう油…小サジ2杯

作り方

**1** 梅干しは種を除き、庖丁で梅肉をたたきます。豆腐は3cm角に切ります。三つ葉は長さ2cmに切ります。

**2** 鍋にダシ、うす口しょう油、片栗粉を入れてよく混ぜて、片栗粉を溶かしてから中火にかけます。煮立ったら、梅肉と豆腐を入れ、ひと混ぜします。再び煮立ったら、ちぎった海苔と三つ葉を加えてひと混ぜして火を止めます。

# 基本のおべんとう術 おにぎりべんとう

毎日のおべんとうにも、行楽べんとうにもうれしいさまざまなおにぎりをご紹介します。具には、うま味を加える具材と、香りのよい具材を組み合わせましょう。

# おにぎり8種

肉や魚のおかずに合う7品のおにぎりと、ボリューム満点の肉巻きおにぎりをご紹介します。

## ◎基本のおにぎり

◎作り方のコツ

ご飯は冷めるとかたくなるので、力を入れ過ぎずににぎりましょう。指先に塩をつけて取ると、ご飯50gに対する塩の量もちょうどよく、ぬれた手で作りやすい方法です。

材料（1人分・3コ）

・ご飯…150g　・塩…適量
・海苔、炒りごま（白）…各適量

※おにぎりは、「3コ分でご飯150g、塩適量」が共通の材料です。

作り方

氷水を用意します。両手のひらを氷水でぬらし、片手の中指の先に塩をつけ、両手のひらにのばします。温かいご飯50gを取り、三角形に整えます。海苔を巻き、ごまをのせます。

※にぎり方は「肉巻きおにぎり」以外は、「基本のおにぎり」と同様です。

## ◎ししとうおにぎり

材料（1人分・3コ）

・ししとう…3本
・実山椒の佃煮…10粒
・太白ごま油…小サジ1杯

作り方

ししとうは、細く小口切りにし、ごま油をひいた中火のフライパンで炒め、火が通ったら塩少々を振ります。ボールに温かいご飯を入れ、ししとうと実山椒を加えてよく混ぜます。

## ◎グリンピースおにぎり

材料（1人分・3コ）

・ゆでグリンピース…大サジ1杯
・ゆで玉子の黄味…1/2コ分
・塩、砂糖…各1つまみ

作り方

ボールの中でゆで玉子の黄味をフォークでつぶし、塩、砂糖で味をととのえます。温かいご飯と、うす皮をむいたグリンピースを加え、よく混ぜます。

## ◎炊き込みご飯おにぎり

材料（1人分・3コ）

・干しエビの炊き込みご飯（34頁）…150g

作り方

塩を使わず、基本のにぎり方でにぎります。

## ◎刻み梅おにぎり

材料（1人分・3コ）

・小梅漬け…2粒　・ゆかり…適量

作り方

ボールに温かいご飯、細かく刻んだ梅肉、ゆかりを入れ、よく混ぜます。にぎるときに塩は使いません。

## ◎しらすおにぎり

材料（1人分・3コ）

・釜揚げしらす…25g
・木の芽…5枚（または青じそ1枚）

作り方

ボールに温かいご飯、細かく刻んだ木の芽、しらすを入れ、よく混ぜます。にぎるときに塩は使いません。

## ◎穂じそおにぎり

材料（1人分・3コ）

・穂じそ…3つまみ

作り方

ボールに温かいご飯、茎から実を外した穂じそを加えてよく混ぜます。

## ◎肉巻きおにぎり

材料（1人分・3コ）

・牛もも肉（うす切り）…3枚
・青じそ…3枚
・しょう油…大サジ1杯
・みりん…大サジ1杯
・サラダ油…小サジ1杯
・薄力粉…適量

作り方

温かいご飯を3等分して、塩をつけずに俵形ににぎります。牛肉1枚をタテに広げ、青じそ1枚を中央より少し下に置き、その上におにぎり1コをのせ、肉を左右に折り込んでから巻き、薄力粉をまぶします。残り2つも同様に作ります。フライパンを弱火にかけ、サラダ油をひき、肉巻き全体を焼きます。火が通ったら火を止め、しょう油、みりんを加えてからめます。

# 牛しぐれ煮べんとう

割り下で甘辛く煮た牛肉と、ししとうの苦味がアクセントの即席漬けで、味のメリハリを。

◎作り方のコツ
牛しぐれ煮は、じっくりと炒めて、肉の水分を出しきりましょう。

## ◎白菜の即席漬け

材料（作りやすい分量）
- 白菜…120g
- ししとう…4本
- 塩…小サジ1杯

作り方

**1** 白菜はざく切りに、ししとうは種を取り、小口切りにします。

**2** 1をボールに入れます。塩を加えて手でよく揉み合わせます。

**3** 2のボールよりひとまわり小さいボールを2の上からしっかりと重ね、輪ゴムで十字に留めます。冷蔵庫で1時間ほど漬けたら取り出し、しぼって水気をきります。

## ◎牛しぐれ煮

材料（2人分）
- 牛小間切れ肉…100g
- 割り下（19頁）…大サジ3杯
- 実山椒の佃煮…小サジ1杯

作り方

**1** フライパンに、すべての材料を入れ中火にかけます。

**2** 汁気がなくなるまで、じっくりと煮詰めます。

**3** 水分がすっかりとんで、牛肉に照りが出たら火を止めます。

2

3

# 粕漬け焼きべんとう

くり返して使える粕床と、さっとできる千枚漬けは、おべんとうに重宝。

◎知ってうれしいコツ
千枚漬けで使った昆布は、2〜3回くり返して使えます。細かく刻んで一緒にいただいても結構です。

## ◎アカムツの粕漬け焼き

「金目鯛の粕漬け焼き」(13頁)の金目鯛をアカムツに代えて作ります。

## ◎甘い玉子焼き

材料(作りやすい分量)
- 玉子…3コ ・塩…1つまみ
- みりん…大サジ1杯 ・サラダ油、うす口しょう油…各小サジ1杯

作り方

**1** ボールに玉子を割り入れ、調味料を加えて菜箸でよく混ぜます。

**2** 玉子焼き器にサラダ油をひいて弱火にかけ、1の$\frac{1}{3}$量を流し入れて広げます。半熟になったら奥から手前に巻き、奥に寄せます。残りの$\frac{1}{2}$量を流し入れ、先に焼いた玉子の下にも流します。表面が半熟になったら先に焼いた玉子を芯にして手前に巻きます。残りも同様に焼いて取り出し、巻きすで巻いて形を整えます。粗熱が取れたら切り分けます。

## ◎かぶの千枚漬け

材料(作りやすい分量)
- かぶ…2コ ・塩…大サジ1杯
- 昆布…10×25cm角
- 酢、みりん…各小サジ$\frac{1}{3}$杯

作り方

**1** かぶは、スライサーで皮ごとヨコにうす切りにします。ボールに水カップ2$\frac{1}{2}$杯と塩を入れてよく混ぜ、かぶを入れて15〜20分漬けます。

**2** 小さな容器に酢とみりんを合わせ、昆布の片面全体に振りかけます。

**3** かぶをしぼって水気をきり、昆布の上に少しずつ重ねながら並べます。昆布を手前からかぶごと巻き、輪ゴムでしばり、そのまま20分ほどおいたら、かぶを取り出します。

和

ごちそう

# 年末年始のごちそう
# ちらし寿司

いろいろな味が楽しめる、
華やかな三層のちらし寿司です。
一緒にいただきたい
主菜、副菜、汁ものもご紹介します。

# きちんと作れるとうれしい
# 和食の基本が詰まったちらし寿司。

ごぼうと干し椎茸を甘辛く炊いた「ちらし寿司の素」を混ぜ込んだ酢飯に、漬けマグロ、錦糸玉子を重ねて、エビのつや煮、酢れんこん、グリンピースを美しく盛った、華やかなちらし寿司です。具を前日に作り、当日仕上げるとスムーズです。

## ちらし寿司

◎準備のポイント
ちらし寿司の素は、煮汁をしっかりととばしましょう。

### ◎ちらし寿司の素

材料（作りやすい分量）
- ごぼう…100g
- 干し椎茸ダシ（とり方は7頁）…干し椎茸2枚、水カップ1$\frac{1}{2}$杯
- 三温糖…大サジ1$\frac{1}{2}$杯
- たまりじょう油…大サジ1杯
- こい口しょう油…大サジ1$\frac{1}{2}$杯

作り方

**1** ダシをとった干し椎茸は5㎜角に切ります。ごぼうは庖丁の背で皮をこそぎ、3㎜角に切ります。

**2** 鍋に1とダシを入れ、中火にかけます。沸騰したら弱火にし、ごぼうに火が通るまで煮ます。アクをすくって調味料を加え、強火にして煮汁がとぶまで煮ます。

**3** キッチンペーパーをしいたバットに上に置き、冷まします。

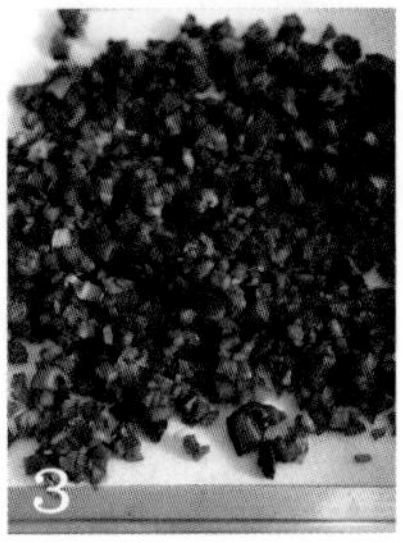

### ◎錦糸玉子

材料（作りやすい分量）
- 玉子…3コ　・塩…1つまみ
- サラダ油…適量

作り方

**1** ボールに玉子を割り、塩を加え、菜箸でよく混ぜて漉し器で漉します。

**2** 玉子焼き器を弱火にかけてよく温め、サラダ油をうすくひき、玉子をうすく一面分流し入れ広げます。表面が固まってきたら、まわりに菜箸を入れ、玉子を返します。両面に火が通ったら、取り出します。玉子がなくなるまでくり返して重ねます。

※返すときは、菜箸を添えて玉子焼き器を手前にあおり、玉子を菜箸にかけると上手にできます。

**3** 2が冷めたら幅3㎝に切ってから、細切りにします。

### ◎エビのつや煮

材料（作りやすい分量）
- 車エビ…5尾
- 日本酒…カップ1$\frac{1}{4}$杯
- 三温糖…12g　・塩…1つまみ

作り方

**1** 鍋に湯を沸かし、背ワタを取ったエビをゆで、冷水に取ります。

**2** 鍋にすべての材料を入れて中火にかけます。沸騰させずに弱火で10分煮て火を止めます。常温で半日ほどおき、味を含ませます。エビのカラをむき、庖丁で頭を落とします。

### ◎酢れんこん

材料（作りやすい分量）
- れんこん…100g　・塩…少々
- 酢…適量　・砂糖…大サジ1$\frac{1}{3}$杯

作り方

**1** れんこんは、皮をむき、穴にそって山形に飾り切りをします。

**2** 鍋にれんこんと、かぶる位の水と酢少々を加えて中火にかけます。沸騰したら火を弱めて竹串がスッと通るまでゆでます。ザルに上げて、塩を振って冷まします。

**3** 別の鍋に水80㎖、酢大サジ1$\frac{1}{3}$杯、砂糖を入れて中火にかけ、砂糖を溶かし、火を止めます。冷めたれんこんをうす切りにして、鍋に加えて一晩漬けます。

主役のちらし寿司を引き立てる、
さっぱりとした献立です。

## ◎ちらし寿司の仕上げ

材料（17㎝四方・高さ5.5㎝のお重分）
・ちらし寿司の素（43頁）…100g
・錦糸玉子（43頁）…43頁全量
・エビのつや煮（43頁）…3尾
・酢れんこん（43頁）…3枚
・マグロ（うす切り）…120g
・グリンピース…約20粒
・ご飯…2合　・海苔…適量
・炒りごま（白）…大サジ$\frac{1}{2}$杯
・しょう油…大サジ$1\frac{1}{3}$杯
寿司酢
・純米酢…60㎖
・粗塩…13g
・三温糖…33g

作り方

**1**　鍋に湯を沸かし、グリンピースをゆで、うす皮をむきます。ボールに寿司酢の材料を加えてよく混ぜます。エビは長さ半分に切ります。酢れんこんは半分に切ります。

**2**　寿司桶（または大きめのボール）に炊きたてのご飯と寿司酢75㎖を入れ、しゃもじで切るように混ぜます。ちらし寿司の素、ごまを加えて混ぜ、お重に盛って冷まします。

**3**　海苔をちぎって、しき詰めます。

**4**　小さなバットにマグロを入れ、しょう油を加えます。両面を軽く浸し、3の上にしき詰めます。

**5**　錦糸玉子をしき詰めます。

**6**　エビ、酢れんこん、グリンピースの順に飾ります。

## 鯛の酒蒸し

材料（2人分）
・真鯛の頭（タテ半分に割ってあるもの）…1尾分　・昆布…20g
・日本酒…90㎖
・塩…適量　・木の芽…適宜

作り方

**1**　鍋に湯を沸かし、鯛の頭の片方を穴杓子などにのせ、熱湯にくぐらせます。5〜10秒ほどして、表面がうっすら白くなったら引き上げます。氷水につけて、表面のウロコや、血を取り除きます。もう片方も同様にします。キッチンペーパーで鯛の水分を拭き取り、両面に軽く塩を振り、5分ほど置きます。

**2**　小さめのバットに昆布の半分、その上に鯛の頭の片方をのせ、鯛全体に日本酒大サジ3杯を振りかけます。もう片方も同様にします。

**3**　蒸し器を沸騰させ、2を入れて7分ほど中火で蒸します。皿に盛り、あれば木の芽をあしらいます。

## ハマグリの粕汁

材料（2人分）
・ハマグリ…大2コ　・かぶ…$\frac{1}{2}$コ　・かつお昆布ダシ（7頁）…カップ1杯　・日本酒…大サジ1杯
・酒粕ペースト（19頁）…50g

作り方

**1**　ハマグリは、塩分3%の塩水につけて冷蔵庫で一晩おいて砂抜きをします。かぶは皮をむいて6等分のクシ形に切り、火が通るまで下ゆでします。

**2**　鍋にダシ、ハマグリ、日本酒を入れて強火にかけ、沸騰したら中火にして、アクが出たらすくいます。口が開き、身とカラが離れたら、ハマグリを引き上げます。鍋にかぶを加え、酒粕ペーストをみそ漉し器で漉し、溶かし入れます。ハマグリを加えて火を止め、器によそいます。

## 春菊の白和え

「ほうれん草の白和え（15頁）」のほうれん草を春菊に代えます。仕上げに炒りごま（白）を振ります。

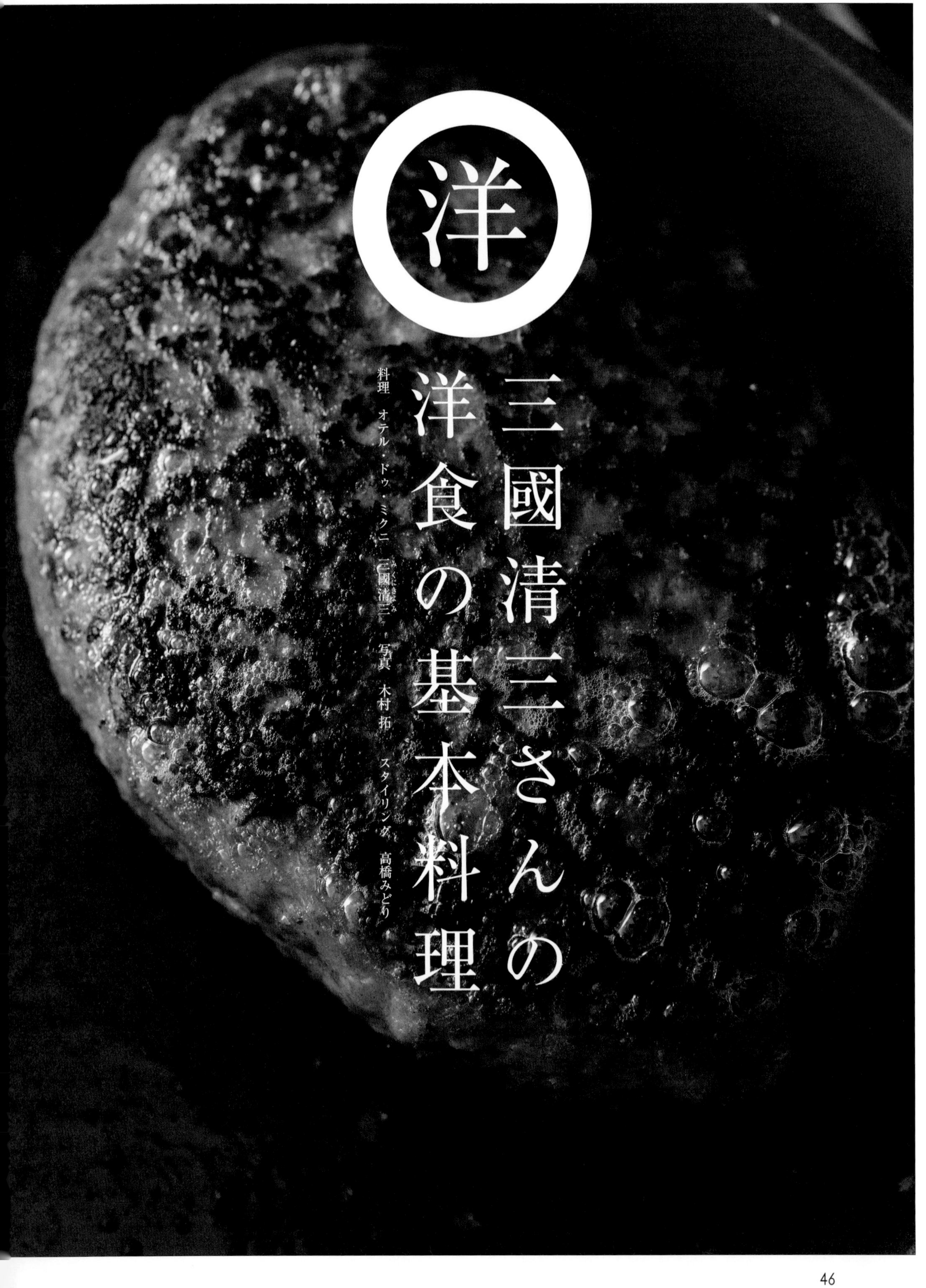

洋

# 三國清三さんの洋食の基本料理

料理　オテル・ドゥ・ミクニ　三國清三《みくにきよみ》　写真　木村拓　スタイリング　高橋みどり

# 素材の力強い味わいを感じる、三國清三さんの洋食

## 何度も作り、レシピを自分のものにする。

「レシピを超えたところに料理は存在する」。ぼくがフランスのレストランで修業していたとき、心に強く残った言葉です。家庭料理においても、同じことが言えるでしょう。レシピはあくまで、ひとつのナビゲーターであり、基準です。

かつて料理は、母や姑を先生に家庭で身につけるのが一般的でした。体験を元に覚え、鍋が焦げつきそうなら水を足したり、においや音が変わったなと思ったら鍋をのぞいて火加減を調節したり、そんな塩梅が自然に身についていったのです。いまは何でもすぐに調べられる便利さと引き換えに、人の感覚が鈍くなってはいないでしょうか。レシピには「中火で10分煮る」とあっても、素材の状態は季節によって異なるし、台所の環境はさまざまですから、鍋の中のこまめな確認が必要です。見る、聞く、触る、嗅ぐ、味わう。五感をフル稼働させてほしいのです。加減をしながらくり返し作り、自分なりのおいしさの到達点を見つけてください。そしてその味を記憶してほしいと思います。

## うま味から考えるひと皿。

味には、甘い、酸っぱい、しょっぱい、苦いの4つがあります。5番目の味として認知されているのがうま味。わたしたちがおいしい、と感じるとき、そこには必ずうま味が存在します。うま味成分のグルタミン酸とイノシン酸、グルタミン酸とグアニル酸を組み合わせると、舌が感じるうま味は何倍にもなるのです。グルタミン酸はトマトやキャベツなどの野菜やチーズ、魚介に、イノシン酸はかつおぶしや鶏・豚・牛肉に、グアニル酸はきのこ類に多く含まれます。

今回ご紹介する料理も、うま味の相乗効果を生かしました。鶏肉のマカロニグラタン（60頁）の鶏肉とチーズや、野菜ときのこのマリネ（66頁）のダシときのこ。ポトフ（70頁）はダシにきのこ、トマト、鶏手羽肉と、うま味をいくつも合わせた最強のひと皿。ミネストローネ（67頁）は、野菜を炒めて味を引き出してからトマトを加え、さらにスープを煮て凝縮するので、味に厚みが出るのです。素材の組み合わせを意識すると、家庭料理がさらに豊かになります。

三國清三さん。東京四ツ谷のオテル・ドゥ・ミクニのオーナーシェフを務めながら、全国の子どもたちを対象に味覚の授業を行う。

うま味成分を多く含む素材。生よりは熟すほど、さらに生より乾物にうま味が多い。組み合わせ次第で、うま味が倍増する。

# 和のダシを活用する。

前頁では、うま味成分の相乗効果についてお話ししました。ぼくの専門はフランス料理ですが、昆布とかつおぶしでとったダシを「うま味ダシ」（70頁）と呼んでよく使っています。

きっかけは、病院食を手掛けたことでした。カロリー、塩分、糖質、脂肪の制限が必要な場合でも、ダシのうま味成分を生かすことで、満足のいく食事を作ることができたのです。

また、日本のダシほど、簡単で短時間にうま味成分が引き出せるものはありません。家庭でチキンブイヨンを作るのは時間と手間がかかりますし、野菜のブイヨンはヘルシーだけど物足りなさを感じる方もおられるでしょう。日本人は、もっとダシの力を見直すべきです。ぼくは皆さんに、一週間に一回でもいいから、きちんととったダシを味わうことをおすすめします。

オニオングラタン（69頁）や野菜ときのこのマリネ（66頁）は、塩分を控えめにし、その代わりにダシを使って、コクのあるまったりとした味わいを作りました。

また、昆布茶で手軽にうま味を加える方法もご紹介しました。パスタをゆでるときに入れたり、パスタソース、ドレッシングに加えるのもよいでしょう（77～79頁）。

# 洋食に日本の調味料を生かす。

かつては、和食の食材を使うとフランス料理ではないなどと言われたものですが、いまやしょう油やみそ、練りごまなどの調味料、一味唐辛子や山椒などのスパイスは、料理の味を引き立てるものとして、世界中で取り入れられるようになりました。

フランスのレストランでの修業中、日本人の自分は日本の味から逃げてはいけない、と思うようになりました。日本人だからこそできる料理を、と考えるようになってから、調味料の使い方も変わったように思います。

和風牛肉ステーキ（53頁）には、バターじょう油のソースを合わせました。オニオングラタン（69頁）のように、ダシをベースにした料理には、白ワインでなく日本酒を使うのがおすすめです。

また、和の調味料で、油を使わないおいしいドレッシングが作れるので、覚えておくと重宝します。おろし玉ねぎ（汁ごと）70gとしょう油大サジ2杯、昆布茶小サジ1杯を合わせれば和風ドレッシングに、コクがほしいときには、うま味ダシと練り白ごま各80gに、炒った白ごまと塩・コショーを合わせれば、ごま風味のドレッシングになります。

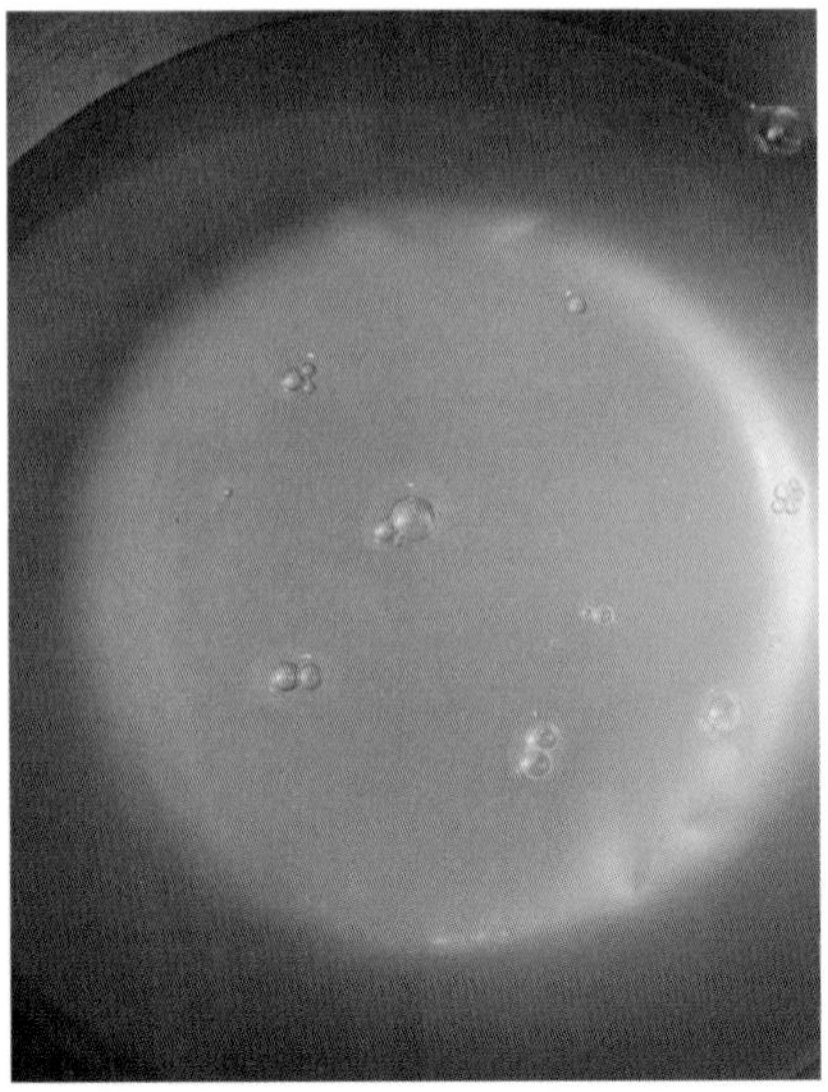

昆布とかつおぶしのダシは、魔法のようなパワーを持っていると語る。インスタントのダシは、身体への影響力も弱い。

固定観念にとらわれず、和の調味料やスパイスを積極的に使っている。特に、八丁みそや柚子みそ、粉山椒の出番が多いという。

# 家庭料理をもっとおいしくする、フランス料理の技法を紹介します。

洋食はむずかしそうという声をよく聞きます。でも実は、家庭料理に取り入れられる手法が多くあり、覚えれば必ず料理の質が上がります。

## 1　焼いてうま味を引き出す

ソテーはシンプルな調理法ですが、素材の持ち味を充分に引き出してくれます。肉は脂身を、魚は皮面をカリカリになるまで焼くのがコツ。焼き固めた表面から中に熱が伝わり、ふっくらと焼けます。こわがって、弱すぎる火加減で長く加熱すると、脂やうま味が逃げてしまいます。こうしたポイントを押さえればはるかにおいしくなるのです。また、牛肉のステーキや魚のムニエルは、フライパンを傾け、熱いバター（もしくは油）をスプーンですくい、くり返しかけながら焼きます。ムラなく火を通すことができる、簡単で本格的なフランス料理の手法です。

## 2　ソースで素材を生かしきる

洋食がむずかしそうに見えるのは、華やかな盛りつけにあると思います。またソテーやステーキにかかったソースもそのひとつではないでしょうか。肉や魚を焼いたあとのフライパンに残った、少しの焦げ目や焼き汁にはうま味がたっぷりと残っています。これを生かせば、誰でも簡単にソースが作れますから、焼いたあとのフライパンは洗わないでください。ワインやケチャップ、マスタードなど、ソースの材料を加えて火にかけると、素材のうま味をまるごと生かしたソースになります。フランス料理では、デグラッセと呼ばれる方法です。ご家庭でもフライパンひとつで効率よくでき、焼いた素材のおいしさを余すところなく生かす方法ですから、ぜひ試してほしいと思います。

## 3　少ない水分で蒸し煮する

スープや煮込み料理でも、素材から出るダシを活用します。余分な味つけをしなくても、充分にうま味が感じられます。ミネストローネ（67頁）やクラムチャウダー（68頁）などの、具入りのスープは、まず野菜を中火で炒めて、水分とうま味を引き出しておきます。ミネストローネは、少量の水分を加えて蒸し煮にします。ミネストロー

## 4　フルーツを取り入れる

肉料理にフルーツを合わせると、酵素の働きで肉が柔らかくなります。ほのかな甘味は、肉のうま味との相性も良いので、今回はりんごとさつまいもを合わせたハンバーグ（51頁）をご紹介しました。また、フルーツのまろやかな酸味は、酸っぱいのが苦手な方にも喜ばれます。ビネガーの代わりに、果汁をドレッシングに使ったり、果肉をサラダに加えるのもおすすめです。

# やわらかハンバーグ

ひと口食べると、なめらかな食感に驚きます。肉のうま味を生かして、手軽にソースを作ります。

◎おいしさのポイント
よく練ることで、タネに空気が入り、ふっくらきめ細かく焼き上がります。

◎作り方のコツ
焼きながら、こまめに返すと、タネの中心まできちんと火が入ります。

材料（2人分）
・オリーブ油

タネ
・合いびき肉…300g
・玉ねぎ（みじん切り）…160g
※食感を残す位に炒めて粗熱を取る。
・乾燥パン粉…40g　・玉子…2コ
・牛乳…60g
・ナツメグ、塩、コショー…各適量

ソース
・玉ねぎ（うす切り）…60g
・ウスターソース…120g
・ケチャップ…60g
・無塩バター…20g

付け合わせ
・ブロッコリー、カリフラワー
…各2房（ゆでておく）

作り方

**1**　ボールにパン粉を入れ、牛乳を加えてふやかしておきます。

**2**　別のボールに、タネの材料と1を合わせ、しっかりと練ります。肉に粘りが出てきて、全体が白っぽくなめらかになったら、冷蔵庫で30分ほど休ませます。

**3**　フライパンにオリーブ油小サジ2杯を中火で熱します。2を2等分し、両手のひらにオリーブ油少々をのばして、ラグビーボール型に整え、フライパンにのせます。

**4**　強火にして片面を焼きます。タネをフライパンのフチに寄せて、フライ返しでタネの周囲を軽く押さえながら焼いて、形を整えます。焼き色がついたら弱火にして返し、フタをします。途中何度か、ひっくり返しながら中まで焼きます。
※焼き上がりが近くなると、表面が盛り上がってきます。竹串を何カ所かに刺し、透明な肉汁が出てきたら焼き上がりです。

**5**　ハンバーグをバットに上げます。

**6**　ソースを作ります。フライパンの余分な油をあけて、バターを入れて中火で熱し、玉ねぎを軽く炒めます。
※フライパンに残ったうま味を、玉ねぎに移します。

**7**　6にウスターソースとケチャップを加えて混ぜ、ハンバーグを戻して、ソースをスプーンでかけながら温めます。

**8**　ハンバーグを皿に盛ってソースをかけ、ブロッコリーとカリフラワーを添えます。

2

4

〈ひと工夫のアレンジレシピ〉

## フルーツハンバーグ

材料（2人分）
・りんご…120g
・さつまいも…240g
・ウスターソース…120g
・ケチャップ…60g
・ドミグラスソース…60g
・（あれば）ブランデー…15g

作り方
※上記のハンバーグと作り方は同じですが、手順2でタネを練ったら、半月切りのさつまいもを加えます。

**1**　さつまいもはゆでておきます。140gは厚さ1cmの半月切り、100gは厚さ1cmの輪切りにします。りんごはクシ形に切ります。

**2**　上記手順5のハンバーグを焼いたフライパンで、りんごと輪切りのさつまいもを軽く焼き、バットに上げます。同じフライパンに残りの材料を入れて混ぜ、ハンバーグ、りんごとさつまいもを戻して温めます。

# ポークソテー ア・ラ・トマト

こんがりと焼けた脂身が、おいしいひと品。
脂身は、焼き過ぎと感じる位じっくり焼くのがコツ。

◎おいしさのポイント
豚肉を焼いたフライパンでソースを作り、香りとうま味を移します。

◎作り方のコツ
カリッと香ばしくなるまで脂身に火を通すことで、燻しながら、肉全体を風味豊かに焼くことができます。

◎知ってうれしいコツ
脂身に細かく切れ目を入れて、豚肉から出る油で焼き上げます。

材料（1人分）
- 豚ロース肉（トンカツ用）…1枚（約130g）
- トマト…小1/2コ（約50g）
- じゃがいも…小1/2コ（約30g）
- さやいんげん…2本
- 塩、コショー…各適量

ソース
- ケチャップ…大サジ1杯強
- 無塩トマトジュース…70g
- マスタード…小サジ2杯

作り方

**1** 豚肉は、脂身から赤身の境目まで、庖丁の先で細かく切れ目を入れ、軽く塩・コショーをします。

**2** じゃがいもはゆでて皮をむき、厚さ1㎝の輪切りに、さやいんげんは1本を3つに切りゆでます。トマトはヘタを取りクシ形に切ります。

**3** 豚肉をトングで挟み、脂身を下にしてフライパンに立て、弱めの中火で脂身がカリッとするまで、約5分焼きます。肉をねかせて各面を焼き、竹串を刺し、透明な汁が出たら、バットに重ねたアミに上げます。

**4** フライパンに残った余分な油を捨てて弱火にし、ソースの材料と3のバットに落ちた肉の焼き汁を加えて混ぜ、温めます。

**5** 皿に4をしき3と2を盛ります。

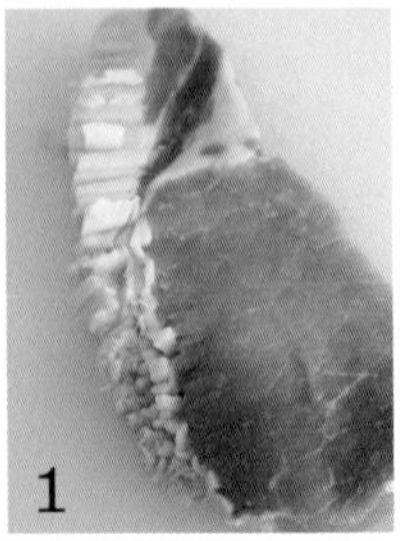
1

# 和風牛肉ステーキ

手ごろな値段の赤身の肉も、ごちそうに。溶かしバターをかけながら焼き上げます。

◎準備のポイント
牛肉は焼く前に冷蔵庫から出して室温にもどします。焼いたとき、肉の芯までほどよく熱が入ります。

◎作り方のコツ
肉の表面を押して、耳たぶ位の感触なら、ミディアムレアの焼き上がり。

◎アレンジのコツ
肉を食べやすく切り分け、ご飯にのせてステーキ丼に。バターしょう油のソースが、ご飯によく合います。

材料（1人分）
- 牛もも肉（ステーキ用）…1枚
- 無塩バター…12g
- オリーブ油…小サジ1杯
- クレソン、塩、コショー…各適量

ソース
- にんにく（うす切り）…1片分
- しょうが（みじん切り）…小サジ2杯分
- しょう油…小サジ$1\frac{1}{2}$杯
- 無塩バター…10g
- 塩、コショー…各少々

作り方

**1** 牛肉は、室温にもどし、塩・コショーで下味をつけます。

**2** フライパンにオリーブ油とバター少々（分量外）を中火で熱し、泡立ってきたら牛肉を入れます。中火で約1分半、肉の各面に焦げ目がつくように返しながら焼きます。弱火にしてバター12gを加え、溶けて泡立ったら、スプーンで肉の表面にかけながら約1分半焼きます。途中でいったん裏返して同様にし、肉をバットに重ねたアミに上げます。

**3** 同じフライパンに、にんにくを入れ、こんがりと焼きます。ソースの材料、2のバットに落ちた肉の焼き汁を加え、弱火でよく混ぜます。

**4** 皿に肉を盛り、ソースをかけ、クレソンを飾ります。

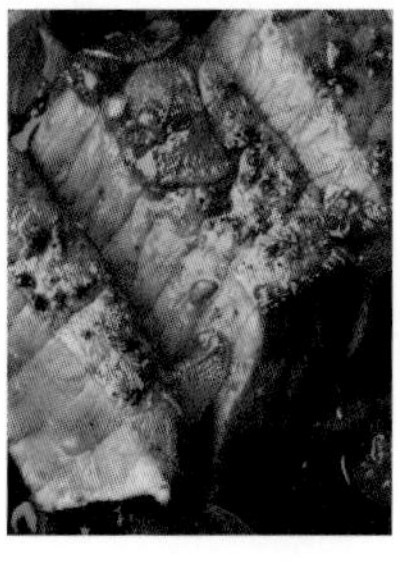

# カリカリ鶏もも肉のソテー

鶏もも肉は香ばしく焼けた皮こそがおいしい。肉のコクをマスタードソースが引き立てます。

◎おいしさのポイント
皮面からじっくり焼きます。皮を通して身にもゆっくりと火が入り、しっとり焼き上がります。

◎知ってうれしいコツ
肉の厚みを均一にすると、ムラなくじょうずに焼けます。肉が隠れるサイズの鍋ブタや平皿で、上から肉を押しつぶすようにして平らにします。

材料（1人分）
- 鶏もも肉（皮つき）…1枚（約180g）
- ベビーポテト…3コ
- オリーブ油…小サジ1杯
- 塩、コショー、パセリ…各適量
- 一味唐辛子…適宜

ソース
- 白ワイン…40g
- 粒マスタード…9g
- にんにく（すりおろし）…1g
- 無塩バター…6g

作り方

**1** 鶏肉は白いスジを切り、両面に塩・コショーします。じゃがいもは皮つきのまま下ゆでします。

**2** フライパンにオリーブ油を入れて強火で熱し、鶏肉の皮面を下にして入れます。鶏肉に鍋のフタなど平らなものを重ねてギュッと押しつぶしながら焼き、肉が平らになったら外します。中火で5〜6分焼き、皮面がカリッと焼けたら返し、弱めの中火で火を通します。バットに重ねたアミに上げます。

**3** 同じフライパンに白ワインを加えてアルコールをとばし、ソースの材料、2のバットに落ちた焼き汁を加え、トロミがつくまで温めます。

**4** 皿に3をしき、2とじゃがいもとパセリを盛り、唐辛子を振ります。

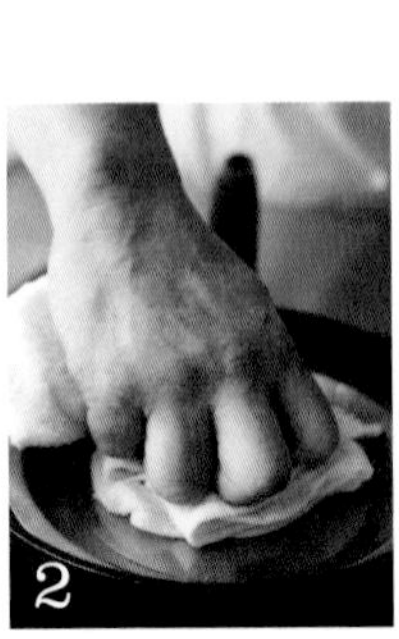
2

# サーモンのソテー

皮はこんがり、身はふっくら。
甘酸っぱいソースをからめながら味わいます。

◎準備のポイント
焼く前の塩・コショーは、余分な水分を出し、うま味を引き出します。
◎アレンジのコツ
酸味の効いたソースは、白身魚のムニエルやフライにもよく合います。

材料（1人分）
- 生サーモン（切り身）…1切れ（約110g）
- 塩、コショー…各適量
- オリーブ油…小サジ1杯
- 無塩バター…14g

ソース
- アンチョビフィレ…4g
- ケッパー…4g
- ピクルス…8g
- 玉ねぎ（みじん切り）…9g
- ケチャップ…40g
- マヨネーズ…30g

作り方

**1** ソースを作ります。アンチョビは細かく刻み、ケッパーは粗みじん切り、ピクルスは厚さ2㎜の小口切りにします。ボールにすべてのソースの材料を入れ、混ぜ合わせます。

**2** サーモンは軽く塩・コショーし、皮面全体に浅く切れ目を入れます。

**3** フライパンにオリーブ油を熱し、強火でサーモンの皮面から順に焼きます。身の$\frac{1}{3}$位まで火が通り、側面から白っぽい汁が出てきたら、中火にし各面にうすく焼き色がつく位まで焼きます。バターを加えて弱火にし、バターが泡立ったら、スプーンでサーモンにかけながら焼きます。

**4** 皿にソースをしいてサーモンをのせ、上からフライパンに出た焼き汁をまわしかけます。

3

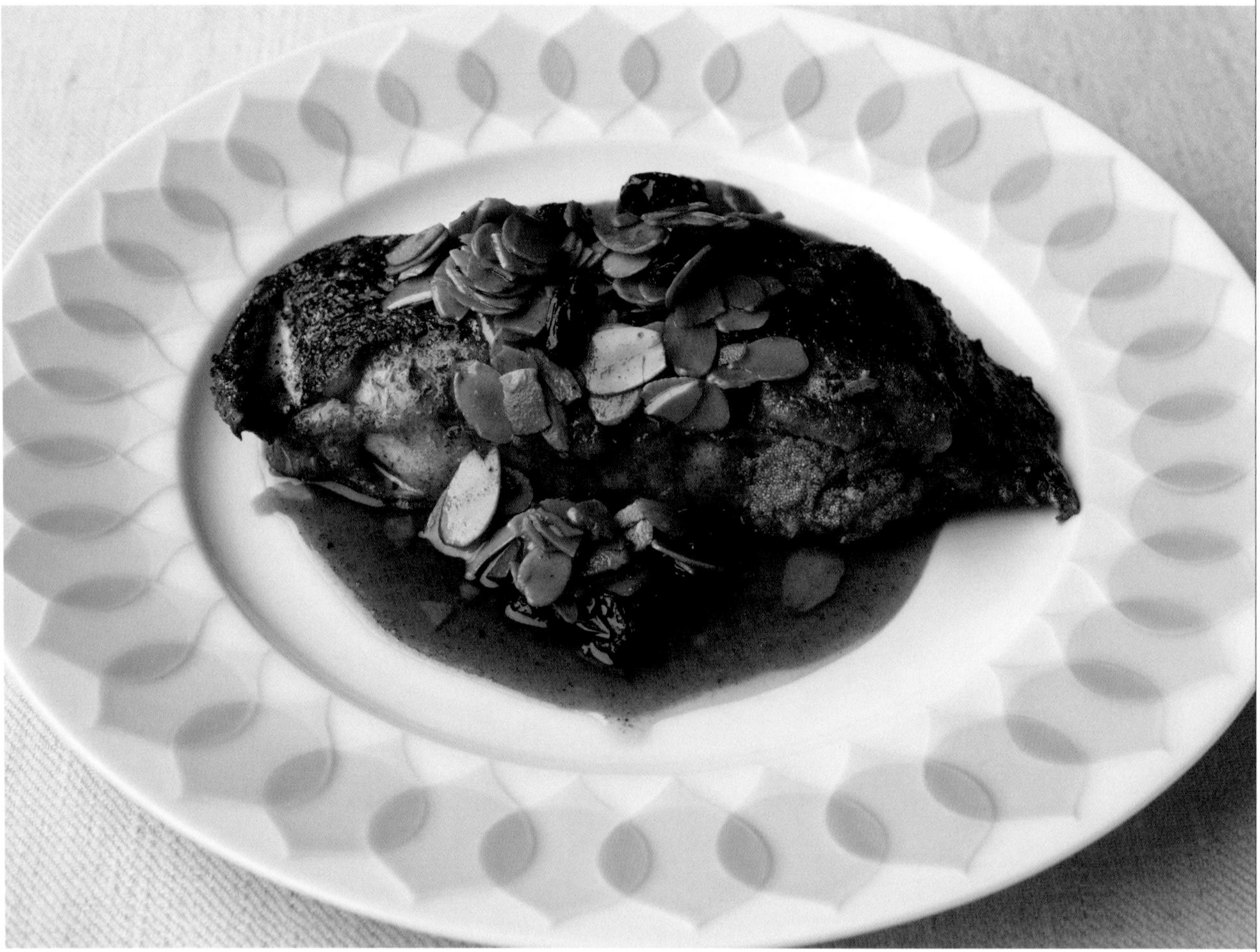

# カレイのアーモンドムニエル

白身魚には、コクのあるバターソースがぴったり。
アーモンドの香ばしさと食感がアクセントです。

◎おいしさのポイント
たっぷりのバターで焼き、淡白な白身魚にコクを加えます。

◎知ってうれしいコツ
バターが焦げそうになったら、新たに冷たいバター（分量外）を加えましょう。フライパンの中の温度が適度に下がり、ムラなく焼けます。

材料（1人分）
- 子持ちガレイ（切り身）…1切れ（約180g）
- オリーブ油…小サジ1杯
- 無塩バター…40g
- 薄力粉…適量
- 塩、コショー…各少々

ソース
- アーモンドスライス…20g
- レーズン…10g
※水に10分位つけて柔らかくもどす。
- 日本酒…小サジ2杯
- みりん…大サジ1杯
- しょう油…小サジ2杯
- レモン汁…小サジ1杯

作り方

**1** カレイは、軽く塩・コショーし、薄力粉をはたきます。

**2** フライパンにオリーブ油を熱し、カレイの皮面を下にして、強火で約2分、カリッと焼きます。ひっくり返してバターを加え、弱めの中火にしてフタをします。途中、何度か返しながらまんべんなく火を通します。

**3** 皮面を上にし、泡状になったバターをスプーンでかけながら約1分半焼き、皿に盛ります。

**4** 3のフライパンで、中火でアーモンドをこんがりと焼きます。

**5** 4に残りのソースの材料を加え、フライパンをゆすってまんべんなく混ぜ、3にまわしかけます。

# 焼き方のコツ

ソテー、ステーキ、ハンバーグ。肉と魚が誰にでもおいしく焼けるコツをまとめました。

## 1 肉を焼く

a ひき肉を焼く（ハンバーグ）

片面を強火で焼いてから裏返したら、フタをして弱火で蒸し焼きにし、タネの中まで火を通します。よく練ったタネは肉の粒が細かく、空気を多く含んで焦げやすいので、途中でこまめに返しながら、ふっくらと焼き上げます。

b 豚肉を焼く

肉自体の油を引き出し、はじめに脂身をカリッと焼くのがコツ。脂身から赤身にかけて庖丁で細かく切り込みを入れて油を出やすくし、出てきた油で各面を焼きます。脂身から出る煙で燻すように、赤身にもゆっくりと火を入れます。

c 鶏肉を焼く

鶏肉は皮面からじっくり焼きます。焼き始めは、肉よりも大きな平皿などでギュッと押さえながら焼き、肉の厚みを均一にして焼きムラをなくします。肉が平らになったら押さえを外し、皮がカリカリになるまで焼いて裏返します。

d 牛肉を焼く

ステーキ肉は、焼く前に常温にもどしておくと、焼いたときに芯まできちんと熱が届きます。まず肉の各面を焼いて肉汁を閉じ込めたら、肉にフライパンの中のバターをかけながら、上からも熱を入れて、ジューシーに焼き上げます。

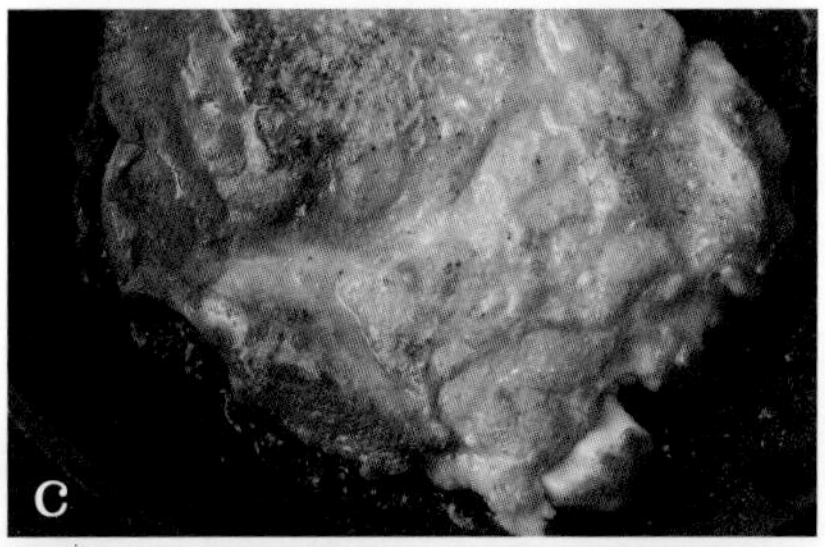

## 2 魚を焼く

サーモン（e）、カレイ（f）、タラなど、魚の切り身は、皮面から焼くのがコツ。皮から伝わる熱で身にゆっくりと火が入るので、かたくなることなく焼き上がります。うすめの切り身の場合は、トングか菜箸で挟んで、皮面を下にして立てた状態で焼いてください。ムニエルのように、バターを加えて焼くときは、溶けて泡状になったバターをスプーンでかけながら焼くことで、表面の乾燥を防ぎ、焼き上がりに香ばしさが加わります。熱いバターが、魚の表面をコーティングしながら熱を伝えるので、外はカリッと、中はふっくら焼くことができます。

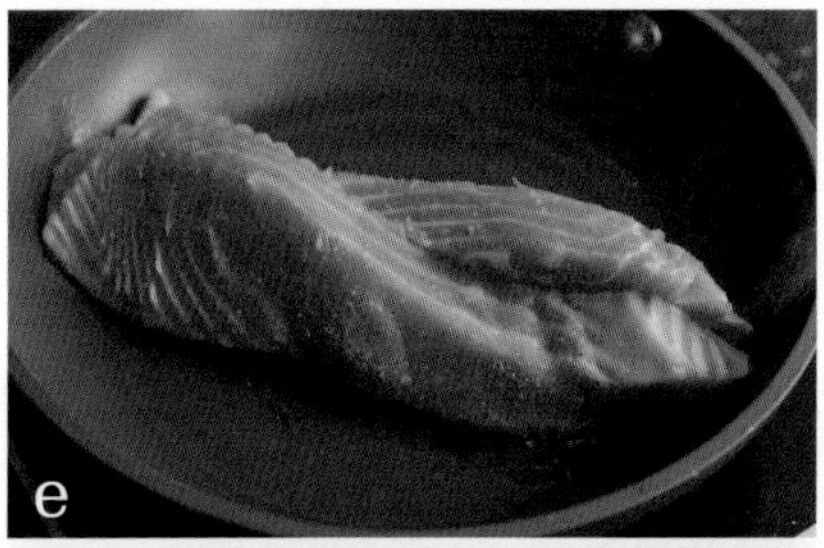

# コロッケ

粗くつぶした、じゃがいもの食感が楽しい。
タネに味をつけ、ソースなしでいただきます。

◎おいしさのポイント
じゃがいもは、適度に塊を残すようにつぶすことで、食感とおいしさが楽しめます。

◎知ってうれしいコツ
タネには火が通っているので、短時間で揚げます。色づくころには、中心まできちんと温まっています。

材料（作りやすい分量）
- じゃがいも…250g
- 牛ひき肉…140g
- 玉ねぎ（みじん切り）…50g
- 玉子の黄味…1コ分
- 生クリーム…20g
- ナツメグ、塩、コショー…各少々
- オリーブ油…小サジ1杯
- 溶き玉子…1コ分
- 薄力粉、パン粉、揚げ油、クレソン…各適量

下味（混ぜ合わせておく）
- ウスターソース…小サジ5杯
- ケチャップ…小サジ5杯
- 粒マスタード…小サジ2杯

作り方

**1** じゃがいもはかためにゆで、皮をむいて厚さ1cmの輪切りにします。

**2** フライパンにオリーブ油を入れて中火で熱します。玉ねぎを入れ、食感が残るよう軽く炒めます。牛ひき肉を加え、ほぐしながら炒めます。じゃがいもを加え、木ベラで粗くつぶしながら混ぜて、火を通します。

**3** 下味の材料を入れて混ぜ、生クリーム、黄味、ナツメグ・塩・コショーを加え、混ぜながら火を通します。バットで冷まし、6〜8等分します。

**4** 揚げ油を160℃に熱します。3を団子状にし、薄力粉、玉子、パン粉の順でつけて、色よく揚げます。

**5** 器に盛り、クレソンを添えます。

# イカと野菜の三色ベニエ

軽い食感の揚げものです。
赤、黄、緑、三色の衣が食欲をそそります。

◎作り方のコツ
高温の油で短時間に揚げ、素材の色を生かします。

◎知ってうれしいコツ
衣がダマになったら、いったん漉してから使います。

材料（作りやすい分量）
- イカ…60g
- 春菊…40g
- トマト…1コ
- ミニトマト…6コ
- 塩、レモン、パセリ、揚げ油…各適量

衣
- 薄力粉…100g
- 玉子の黄味…2コ分
- サラダ油…30g
- ビール…100g
- ケチャップ…40g
- 抹茶…2g
- 塩　・コショー

作り方

**1**　イカは幅1cmの輪切りにします。トマトは、ヨコに厚さ1cmの輪切りに、春菊は食べやすく切ります。

**2**　衣を作ります。ボールに薄力粉、玉子の黄味、サラダ油を順に入れて混ぜ合わせ、ビールを加えてさらに混ぜます。塩2つまみ、コショー少々を加えます。

**3**　2をボールかバットに3等分し、ひとつに抹茶を、もうひとつにケチャップを入れて混ぜ、それぞれ色をつけます。

**4**　揚げ油を180℃に熱します。パセリは素揚げし、トマトは抹茶の衣、イカはケチャップの衣、春菊はプレーンの衣にそれぞれくぐらせてさっと揚げ、塩を振ります。

**5**　皿に盛り、クシ形に切ったレモンを添えます。

# 鶏肉のマカロニグラタン

濃厚でなめらかなベシャメルソースに、
焼きつけた肉のうま味が加わり、あとを引くおいしさ。

◎おいしさのポイント
鶏肉を焼いたあとの焦げ目は、うま味の元になります。フライパンは洗わずに、ベシャメルソースを加えて鶏肉のうま味を移します。鶏肉は、必ず皮面からこんがり焼きます。

◎知ってうれしいコツ
牛乳は少しずつ加えると、なめらかなベシャメルソースが作れます。ソースがかたくなったら、ひと肌に温めた牛乳でのばします。

◎アレンジのコツ
鶏肉のほか、豚肉、エビ、ホタテなど、焼いてうま味が出る素材を具に加えると、ベシャメルソースがさらに深い味わいになります。

材料（500㎖のグラタン皿2枚分）
- 鶏もも肉…180g
- マカロニ（乾燥）…40g
- マッシュルーム…4コ
- 玉ねぎ…100g
- にんにく（みじん切り）…小サジ1杯分
- ピザ用チーズ…30g
- 白ワイン…大サジ2杯
- ナツメグ、パセリ…各少々
- オリーブ油…小サジ2杯
- 塩　・コショー

ベシャメルソース
- 薄力粉…18g
- 無塩バター…24g
- 牛乳…200g（ひと肌に温める）
- 牛乳（濃度調整用）…適宜

作り方

**1**　ベシャメルソースを作ります。鍋にバターを中火で熱し、泡立ってきたら薄力粉を広げながら振り入れ、粉っぽさがなくなるまで炒めます。

**2**　いったん火から外して、牛乳を少しずつ加えて、混ぜ合わせます（a）。中火にかけて混ぜ（b）、大きな泡が出てはじけてきたら火を止めます（c）。

**3**　鶏もも肉はひと口大に切り、塩・コショー各少々を振ります。マッシュルームは石突きを切り、軸をつけたままタテ4等分に、玉ねぎはセンイにそってうす切りにします。マカロニはかためにゆでておきます。

**4**　フライパンにオリーブ油を強火で熱し、鶏肉を皮面から焼きます。皮が色づきカリッとしたら、玉ねぎ、マッシュルームを加え、火を通します。さらに、にんにくを加えて炒め、香りが出たら、白ワインを加えてアルコールをとばします。2とマカロニを加えて混ぜ、塩・コショー各少々、ナツメグで味をととのえます。

**5**　グラタン皿の内側にうすくオリーブ油（分量外）を塗って4を入れ、パセリを散らしてチーズをのせます。200℃のオーブンで約15分、焦げ目がつくまで焼きます。

# かんたんスパニッシュオムレツ

蒸し焼きで作るふっくらとしたオムレツ。
肉と野菜は大きく切って食感を楽しみます。
◎準備のポイント
直径18cm位のフライパンとフタを用意します。あれば、熱がゆっくり伝わる厚手のものが向いています。

◎作り方のコツ
野菜に7割位火が入ったらオムレツ生地を流し込み、野菜と玉子の仕上がりをそろえます。野菜はしっかり、玉子は柔らかく火が通ります。

材料（2人分）
- 豚バラ肉（ブロック）…100g
- マッシュルーム…4コ
- 玉ねぎ…50g　•じゃがいも…60g
- パプリカ（赤・黄）…計70g
- にんにく（みじん切り）…2g
- パセリ…適量

オムレツ生地（混ぜ合わせておく）
- 玉子…2コ　•牛乳…40g
- 生クリーム…40g
- 粉チーズ…小サジ4杯
- レモン汁…小サジ1杯
- オリーブ油…8g
- 塩、コショー…各少々
作り方

**1** 豚肉は2cm角に切ります。じゃがいもは厚さ3mmのいちょう切りに、玉ねぎはセンイにそって幅7mmに切ります。パプリカはヘタと種を外しタテに幅1cmに切り、マッシュルームは石突きを切ります。

**2** フライパンを強火で熱し、豚肉の脂身を下にして焼き、油が出てきたら、肉の各面にこんがりと焼き色をつけます。

**3** 2に1の野菜を、じゃがいも、玉ねぎ、パプリカ、マッシュルーム、にんにくの順に加えてフタをし、弱火で7分、蒸し焼きにします。

**4** 野菜がしんなりとし、7割位火が入ったら、パセリを加えてオムレツ生地を流し込みます。フタをして、弱火で約6分火を入れます。フタを取り、生地の表面にプツプツと穴が開き、揺するとゆっくり揺れる位で火を止めます。

# きのこのスクランブルエッグ

トロリとした食感と、ひと口ごとに香るバターで、リッチな味わいに仕上がります。

◎おいしさのポイント
玉子液に牛乳を加えることで、やさしい口あたりになります。

◎作り方のコツ
余熱で火が入るので、玉子液を流し込んだらさっと混ぜて、半熟のうちに火からおろします。

材料（1人分）
- 玉子…1コ
- 牛乳…40g
- ハム…1枚
- マッシュルーム…1コ
- 椎茸…1枚
- 無塩バター…12g
- パセリ…適量
- 塩、コショー…各適量

作り方
1 マッシュルームは石突きを取り、軸を外して2等分に、椎茸は軸を外して6枚にスライスします。ハムは放射状に8等分します。パセリは粗みじん切りにします。
2 ボールに玉子と牛乳を入れて、フォークで溶き混ぜ、塩・コショーを入れます。
3 フライパンにバターを入れて中火にかけ、バターが溶けきる前にハムを加えて軽く炒め、きのこ類も加え、しんなりするまで炒めます。
4 3に2を流し入れ、パセリを加えます。全体を大きく混ぜながら、ところどころ固まってくるまで火を通し、半熟のうちに火からおろします。

# フルーツグリーンサラダ

グレープフルーツ果汁でドレッシングを作ります。やさしい酸味とほろ苦さ、香りも合わせて楽しめます。

◎知ってうれしいコツ
ドレッシングに、グレープフルーツの身と皮をつけておき、さわやかな香りとほのかな苦味を移します。

◎アレンジのコツ
グレープフルーツの代わりに、オレンジもおすすめです。

材料（2人分）
- レタス…1/3コ
- きゅうり…1/2本
- 水菜…10g
- ブロッコリー…70g
- グレープフルーツ（正味）…140g

ドレッシング
- グレープフルーツのしぼり汁…大サジ2杯
- オリーブ油…大サジ6杯
- しょう油…大サジ2杯
- 粒マスタード…36g
- ハチミツ…42g
- 塩、コショー…各適量

作り方

**1** レタスは食べやすく切り、きゅうりは厚さ1cmの輪切り、水菜は長さ6cmに切り、氷水で冷やします。

**2** ブロッコリーは小房に切り分け、ゆでて冷まします。

**3** グレープフルーツは表面をよく洗い、庖丁で皮をうすくむいてせん切りにします。実は白い部分をむき、ナイフを入れてうす皮から1房ずつ外し、乱切りにします。

**4** ボールにドレッシングの材料を入れて混ぜ合わせます。グレープフルーツの身と皮を入れておきます。

**5** 水気をきった1、2を皿に盛り、4をまわしかけます。

# フルーツポテトサラダ

ヨーグルトの酸味とりんごの甘味がポイント。
野菜は大きく切り、それぞれの味わいを生かします。

◎おいしさのポイント
じゃがいもは輪切りにして、食感を楽しみます。

◎知ってうれしいコツ
混ぜ過ぎないのがポイント。材料を合わせたら、形をくずさないよう両手でさっくりと混ぜ、それぞれの食感が引き立つよう仕上げます。

材料（2人分）

- じゃがいも…2コ（約180g）
- りんご…60g
- きゅうり…120g
- 玉ねぎ…40g
- サラダ菜…1株
- ゆで玉子…2コ
- ツナ…60g
- パセリ（みじん切り）…適量
- マヨネーズ…大サジ5杯強
- プレーンヨーグルト…20g
- 塩

作り方

**1** じゃがいもは皮をむいてかためにゆで、厚さ1cmの輪切りにします。りんごは皮をむかずクシ形に切り、フチを面取りして、塩水につけておきます。きゅうりは、厚さ1cmの輪切りにします。玉ねぎはセンイにそってうす切りにし、塩少々で軽く揉んで冷水にさらします。ゆで玉子はタテ半分に切り、ツナは油をきってほぐしておきます。

**2** ボールに、サラダ菜とパセリ以外の材料を合わせ、両手でさっくりと混ぜ合わせます。

**3** 器にサラダ菜をしき、2を盛りつけて、パセリを散らします。

# 野菜ときのこのマリネ

ダシを使ったマリネ液は、まろやかな酸味。
酸っぱいマリネが苦手という方にもおすすめです。

◎おいしさのポイント
うま味成分を多く含む、きのことダシの組み合わせです。相乗効果でより深い味わいが生まれます。

◎アレンジのコツ
きのこだけで作っても、にんじんやきゅうりなどの野菜を追加しても。

材料（2人分）
- パプリカ（赤）…100g
- しめじ…60g　•椎茸…4枚
- セロリ…80g
- さやいんげん…6本
- レモン（輪切り）…2枚　•パセリ…2枝
- にんにく…2片　•オリーブ油…大サジ2杯弱
- 塩、コショー…各適量

マリネ液
- 白ワイン…カップ1杯
- レモン汁…大サジ1杯
- ハチミツ…大サジ1杯弱
- うま味ダシ（とり方は70頁）…カップ2杯　•唐辛子…2本
- ローリエ…2枚

作り方

**1**　しめじは小房に切り分けます。椎茸は石突きを切り落とし、軸に庖丁の刃先をすべらせ表面をうすく削ります。セロリは長さ8cmに切ってから幅1.5cmに、パプリカはヘタと種を外し、タテに幅1.5cmに切ります。さやいんげんは、スジを取ります。

**2**　フライパンにオリーブ油とにんにくを入れて強火で熱し、1をすべて加えて軽く炒めます。フタをして弱火にし、5～6分蒸し焼きにします。

**3**　2にマリネ液の材料を加えて強火で煮立たせ、フタをして強めの中火で5分煮ます。途中4分でパセリとレモンを加え、塩・コショーで味をととのえます。

**4**　できたての温かいもの、常温にしてから冷やしたもの、いずれもおいしくいただけます。器に盛り、オリーブ油（分量外）をたらします。

# ミネストローネ

野菜のおいしさが詰まった具だくさんのスープ。焼きつけた鶏肉が、ブイヨンの役割をします。

◎おいしさのポイント
少なめの水分で蒸し煮することで、肉と野菜のうま味が凝縮したスープになります。

◎知ってうれしいコツ
落としブタはアルミホイルを使うと手軽です。裏側にうすくバターを塗れば、液面に吸着して、効率よく火を通すことができます。

材料（4人分）
- 鶏もも肉…80g
- にんじん…1本（約220g）
- じゃがいも…140g
- セロリ…20g
- 玉ねぎ…大1コ（約240g）
- キャベツ…200g
- トマト…小2コ（約220g）
- にんにく（みじん切り）…10g
- 無塩トマトジュース…600g
- 白ワイン…120g
- パスタ（蝶々形・乾燥）…16コ
- オリーブ油　•塩　•コショー
- あさつき（斜め切り）…適量

作り方

**1** にんじんは厚さ5㎜のいちょう切り、じゃがいもは厚さ1㎝の半月切りにします。セロリは幅1.5㎝に切り、玉ねぎと鶏肉は2㎝角に、キャベツは3㎝角に切ります。トマトはヘタを取ってクシ形に切ります。

**2** 鍋にオリーブ油大サジ1杯とにんにくを強火で熱し、鶏肉を皮面を下に並べ焼き色をつけます。にんじん、じゃがいも、セロリ、玉ねぎを加え、強めの中火で炒めます。にんじんに火が通ったら、塩2つまみとコショー少々で下味をつけます。

**3** 白ワインを加えて強火でアルコールをとばし、水カップ1杯とキャベツ、トマト、パスタを加えます。

**4** 落としブタをして、水分がほぼなくなるまで中火で煮ます。トマトジュースを加えて温め、火を止めます。皿に盛り、あさつきを散らし、オリーブ油少々をたらします。

# クラムチャウダー

アサリから出るダシがおいしさの元。
身は最後に加えて、ふっくらと仕上げます。

◎おいしさのポイント
薄力粉をよく炒めることで、粉っぽさがなくなります。
◎知ってうれしいコツ
牛乳は少しずつ加え、ごく弱火で煮ると、なめらかな仕上がりに。

材料（4人分）
- アサリ…16コ
※塩水に一晩つけて砂出しします。
- ベーコン…140g
- じゃがいも、にんじん…各60g
- 玉ねぎ（うす切り）…50g
- セロリ…約30g
- 玉ねぎ（みじん切り）…24g
- にんにく（みじん切り）…小サジ2杯分（6g）
- 粒コーン（缶詰）…120g
- 白ワイン…カップ1/2杯
- 牛乳…500g
- 無塩バター…70g
- 薄力粉…30g
- オリーブ油…小サジ2杯
- 塩
- コショー

作り方
**1** ベーコンは幅2cmに切り、じゃがいもは厚さ1cmの半月切り、にんじんは厚さ5mmのいちょう切り、セロリは厚さ1cmの輪切りにします。
**2** フライパンにオリーブ油、玉ねぎ（みじん切り）、にんにくを入れて中火で炒め、アサリ、白ワインを加えてフタをします。アサリの口が開いたら汁ごとボールにあけ、身を外しカラを除きます。
**3** 2のフライパンにバター40gを中火で熱してベーコンを炒め、油が出たら薄力粉を振り入れ、弱火でよく炒めます。残りの野菜を加えてさらに炒め、火を通します。2の煮汁を加えて強火にします。沸いたら弱火にし、牛乳を少しずつ加えて混ぜ合わせます。塩2つまみ、コショー少々で味をととのえ、トロミがつくまで弱火で煮て、粒コーン、アサリの身、バター30gを加え混ぜ、火を止めます。

# オニオングラタン

食感を残す程度に玉ねぎを炒めた、作りやすいレシピ。和風ダシがベースのほっとする味わいです。

◎作り方のコツ
玉ねぎを炒め終わったら、いったん火から外し、余熱で余分な水分をとばします。

◎知ってうれしいコツ
玉ねぎは、飴色になるまで炒めずに、水分を利用して少しずつ色をつけます。鍋底の焦げ目に玉ねぎを広げ、蒸らしては混ぜ込むことをくり返すとうまくいきます。

材料（500㎖の耐熱容器2コ分）
- 玉ねぎ…270g
- 無塩バター…30g
- 日本酒…大サジ1 1/3杯
- うま味ダシ（とり方は70頁）…カップ2杯
- ピザ用チーズ…40g
- バゲット（厚さ1㎝）…6枚
- にんにく…1片

※表面に、にんにくの切り口をこすりつけ、香りをつけておきます。
- 塩、コショー…各適量

作り方

1 玉ねぎは、センイにそって幅3㎜のうす切りにします。

2 鍋にバターを熱し、泡立ってきたら、玉ねぎを強火で炒めます。玉ねぎの水分を利用して、鍋底の焦げ目を蒸らしては混ぜ込み、茶色くなるまで10〜15分炒めます。

3 鍋を火から外し、玉ねぎを鍋底に広げ、2分半ほどおきます。

4 3を中火にかけ、日本酒を加えてアルコールをとばし、うま味ダシを加えて沸かします。塩・コショーをして味をととのえます。アクを取りながら3分ほど煮ます。

5 耐熱容器に4を入れ、バゲットとピザ用チーズをのせます。200℃のオーブンで焦げ目がつくまで10〜15分焼きます。

# 手羽先のうま味ポトフ

身体にしみわたる、いくつもの素材のうま味。
深い味わいが、ダシで手軽に作れます。

◎おいしさのポイント
昆布とかつおぶしのダシと、焼きつけた手羽先から出るダシ、ふたつのダシがコクのある味わいを作ります。

◎作り方のコツ
鶏の手羽先は皮面をしっかりと焼きつけます。鍋の側面についた焦げ目はうま味の元。ゴムベラなどでこそげて、スープに混ぜ込みます。

材料（2人分）
- 鶏手羽先…6本（約280g）
- 大根…180g
- じゃがいも…1コ
- しめじ…70g
- ミニトマト…6コ
- パセリ…少々
- うま味ダシ（とり方は下段）…カップ2杯
- 白ワイン…カップ1/4杯
- 粒マスタード、塩、コショー…各適量
- オリーブ油

作り方

**1** 鶏手羽先は、全体に軽く塩・コショーをします。

**2** 大根は厚さ2cmの半月切りにして下ゆでし、じゃがいもは皮つきのままゆでて、大きめの乱切りにします。しめじは小房に切り分けます。

**3** 鍋にオリーブ油小サジ4杯を強火で熱し、手羽先の皮面を下にして入れて、こんがりと色よく焼きます。

**4** 白ワインを加え、強火でアルコールをとばします。うま味ダシを加え、中火でひと煮立ちさせます。

**5** 2の野菜を加え、落としブタをし、煮立たない程度の火加減で約5分煮ます。火を止める直前に、ヘタを取ったトマトとパセリを加えます。

**6** 皿に盛って、粒マスタードを添えていただきます。

4

〈役に立つレシピ〉

## 三國さんのうま味ダシのとり方

昆布とかつおのダシを、ブイヨンの代わりに使います。世代を問わず喜ばれる、やさしい味になります。

材料（約カップ4杯分）
- 昆布、かつおぶし…各20g　・水…1ℓ

作り方

**1** 鍋に、昆布と水を入れて30分ほどおきます。
※昆布にぬめりが出てうま味を抽出しやすくなります。

**2** 1の鍋を中火にかけ、沸騰したら、かつおぶしを加えて火を止めます。

**3** そのまましばらくおき、かつおぶしが沈んだら、漉します（a）。お玉の背などで、かつおぶしを軽く押してしぼります（b）。

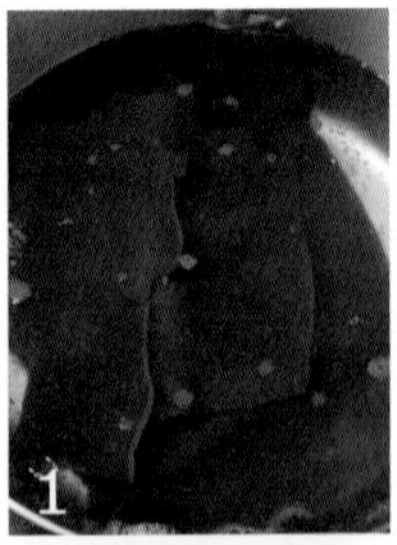
1

2

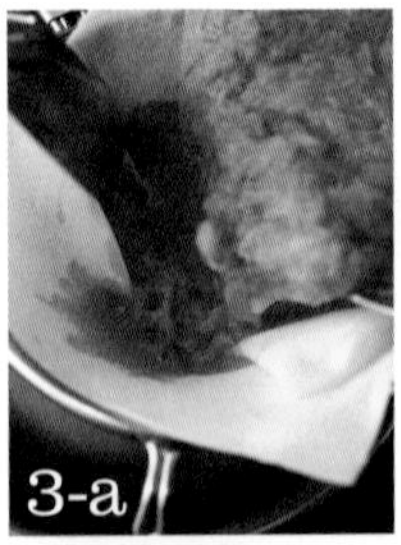
3-a

3-b

# 魚介のクリームシチュー

エビはカラつきのまま使うのがコツ。
市販のシチュールウに、深みと香りが加わります。

◎知ってうれしいコツ
エビとホタテを焼いたフライパンで玉ねぎを炒め、香りやうま味を移します。

材料（2人分）
- ホタテ貝柱…大2コ（80g）
- エビ（ブラックタイガー・カラつき）…4尾（約90g）
- 玉ねぎ…100g
- じゃがいも…160g
- にんじん…80g
- カリフラワー…90g
- ブロッコリー…50g
- 牛乳…260g
- 生クリーム…100g
- 市販のシチュールウ…30g
- 白ワイン（もしくは日本酒）…大サジ4杯
- にんにく（みじん切り）…小サジ2杯分
- 塩、コショー…各適量
- オリーブ油…小サジ2杯
- 無塩バター…大サジ1杯強

作り方

**1** エビは竹串で背ワタを取ります。ホタテは軽く塩・コショーをします。玉ねぎはみじん切りにします。

**2** じゃがいもはゆでて皮をむき、厚さ1cmの輪切りにします。にんじんは皮をむいて乱切りにし、カリフラワーとブロッコリーは小房に切り分け、それぞれゆでます。

**3** フライパンにオリーブ油を熱し、エビとホタテを強火でこんがりと焼き、バットに上げます。

**4** 同じフライパンを中火にかけ、にんにくと玉ねぎを入れ、玉ねぎが透き通るまで炒めます。白ワインを加えてアルコールをとばし、牛乳、生クリーム、シチュールウを加えて沸かします。

**5** トロミがついたら、3と下ゆでした野菜を加えて温めます。仕上げにバターを加えて、火を止めます。

# 夏野菜カレー

香味野菜が効いた、さわやかな後味が楽しめます。具の夏野菜は煮込まずに、味わいを生かします。

◎おいしさのポイント
香味野菜をじっくり炒めて香りを出し、市販のルウに風味を加えます。

◎作り方のコツ
夏野菜は蒸し焼きにして、甘味を引き出します。

材料（2人分）
- 豚ひき肉…120g
- なす…1コ（約80g）
- かぼちゃ…90g
- ピーマン…1コ
- 玉ねぎ、にんじん、セロリ…各25g　・塩、コショー
- にんにく（みじん切り）…小サジ1/2杯分
- しょうが（みじん切り）…大サジ1/2杯分
- カレー粉…小サジ1杯
- しょう油…大サジ1杯
- 市販のカレールウ…20g
- 無塩バター…20g
- オリーブ油…小サジ1杯
- ご飯…400g

作り方

**1** 玉ねぎ、にんじん、セロリは、みじん切りにして合わせておきます。

**2** なすは厚さ1.5cmの斜め切り、かぼちゃは種とワタを取り厚さ1cmに切ります。ピーマンはヘタと種を取りタテに4等分に切ります。

**3** フライパンにオリーブ油を中火で熱し、なすとかぼちゃ、ピーマンをこんがり焼きます。水少々を加え、軽く塩・コショーをし、フタをして蒸し焼きにして、取り出します。

**4** 同じフライパンにバター10gを入れて中火で熱し、1とにんにく、しょうがを炒めます。水分がなくなってきたら、豚ひき肉を加え、ほぐしながら白っぽくなるまで炒めます。

**5** カレー粉、しょう油、刻んだカレールウ、水140mlを加えて煮立たせ、鍋底の焦げをこそげながら、トロミがつくまで煮ます。火を止め、バター10gを加えます。

**6** 皿にご飯を盛り、3の野菜をのせ5をかけます。

# ビーフストロガノフ

柔らかな牛肉と、酸味がさわやかなソース。コクのあるバターライスによく合います。

◎おいしさのポイント
仕上げにヨーグルトを加えて酸味を効かせ、さっぱりといただきます。市販のドミグラスソースに、身近な調味料や香味野菜を加えれば、余韻のある深い味わいが生まれます。

◎作り方のコツ
牛肉には薄力粉を全体にうすくまぶし、ソースにほどよいトロミをつけます。焼き始めは、強火でさっと焼き、うま味を閉じ込めます。

◎知ってうれしいコツ
うす切りの肉は、そのままだと火がすぐに通ってかたくなりやすいのですが、丸めて焼くことで、火が通り過ぎず、柔らかく焼き上がります。

材料（2人分）
- 牛もも肉（うす切り）…180g
- 玉ねぎ…60g
- マッシュルーム…2コ
- エリンギ…30g　・しめじ…60g
- にんにく（みじん切り）…小サジ1杯分
- プレーンヨーグルト…30g
- パセリ（粗みじん切り）…少々
- オリーブ油…小サジ1杯
- 無塩バター…12g
- 塩、コショー、薄力粉…各適量

ソース
- 牛乳…100mℓ　・水…140mℓ
- しょう油…大サジ1杯
- ケチャップ…大サジ2杯
- ドミグラスソース…180g

バターライス（作りやすい分量）
- 米…2合
- 玉ねぎ…40g
- にんじん…25g
- セロリ…15g
- 無塩バター…25g
- 水…カップ2杯
- 塩、コショー…各適量

作り方

**1**　バターライスを炊きます。野菜はすべてみじん切りにします。炊飯器に、米と野菜、水、塩・コショーを合わせて入れ、バターをちぎってのせ、ふつうに炊きます。

**2**　玉ねぎは、センイにそってうす切りにします。マッシュルームは石突きを取り、軸をつけたまま1コをタテ4等分に切ります。エリンギは大きめの輪切りに、しめじは小房に切り分けます。

**3**　牛肉は、まな板の上に1枚ずつタテ長に広げます。手前から向こう側に、細長く巻いていき（a）、全部巻き終わったら（b）軽く塩・コショーをして、薄力粉をまぶします。

**4**　フライパンにオリーブ油を熱し、強火で牛肉の表面をさっと焼き、アミを重ねたバットに上げます。

**5**　同じフライパンにバターを中火で熱し、にんにくと玉ねぎを炒め、さらにきのこ類を加えて炒めます。

**6**　ソースの材料の水、しょう油、ケチャップ、ドミグラスソースを加えて混ぜ、沸かします。トロミがついてきたら牛乳を加えて4を戻し入れ、混ぜながら温めます。

**7**　1と6を皿に盛りつけ、仕上げにヨーグルトをところどころに落とし、パセリをあしらいます。

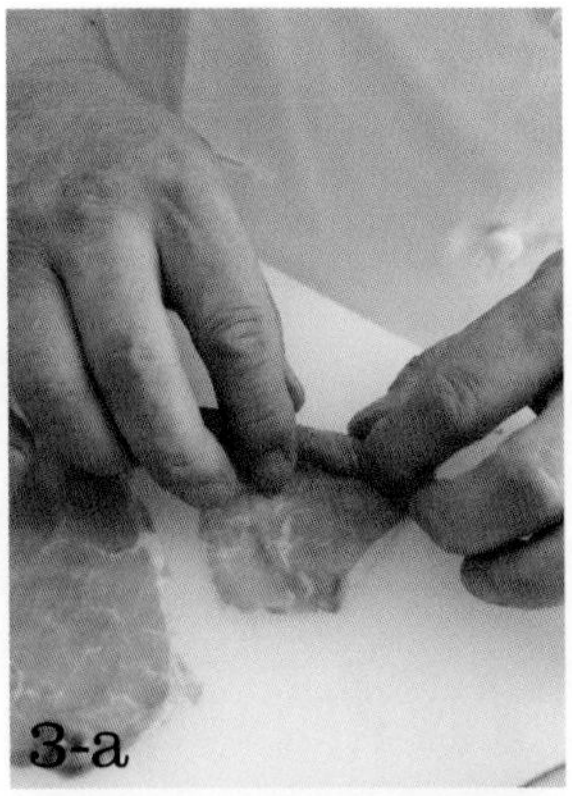
3-a

3-b

4

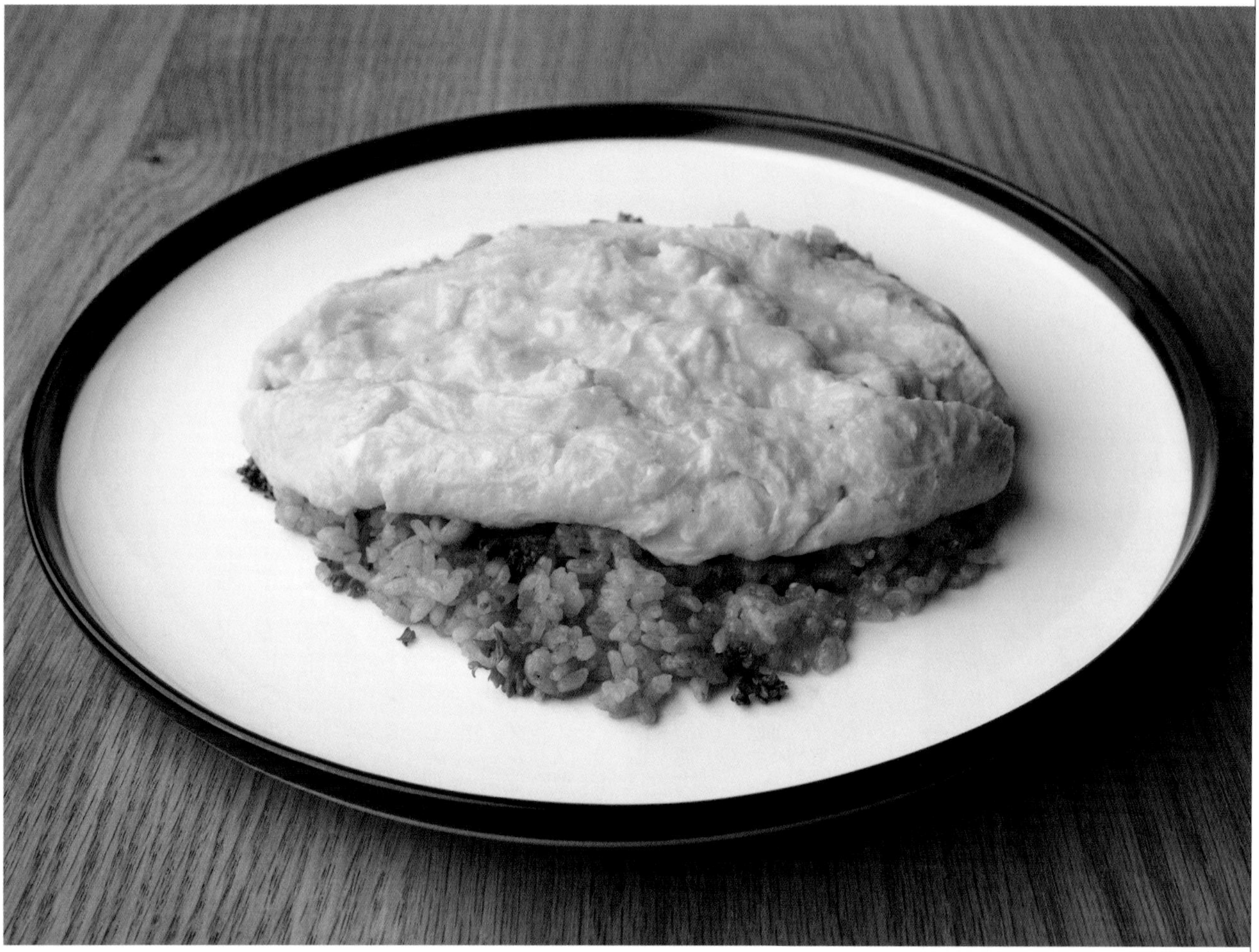

# オムライス

半熟のオムレツをチキンライスに広げていただきます。最後まで、トロリとした食感を楽しめます。

◎作り方のコツ

オムレツを皿に盛りつけるときは、フライパンを逆手に持ち、すべらせるようにします。

◎知ってうれしいコツ

玉子で包まずにオムレツをのせれば、ふんわり仕上がり、簡単です。

材料

オムレツ（1人分）

- 玉子…2コ　・牛乳…大サジ2杯
- 生クリーム…大サジ1 1/3杯
- 無塩バター…12g
- ナツメグ、塩、コショー…各適量

チキンライス（作りやすい分量）

- 米…2合
- 鶏もも肉（1cm角に切る）…50g
- 玉ねぎ（みじん切り）…40g
- にんじん（みじん切り）…25g
- セロリ（みじん切り）…15g
- 無塩バター…25g
- 無塩トマトジュース…100g
- 水…カップ1/2〜1杯
- パセリ（粗みじん切り）…適量

作り方

**1**　チキンライスは、パセリ以外の材料を合わせて炊飯器でふつうに炊きます。炊き上がったら、パセリを混ぜ込みます。

**2**　ボールに、バター以外のオムレツの材料を入れ、フォークでざっくり溶きます。

**3**　フライパンにバターを中火で熱し、溶けて泡立ってきたら、2を流し込みます。フチが固まり始めたら、フォークなどで、玉子を向こう側から手前に折ります。フライパンを手前に傾け、もう片方の手で柄をたたき、玉子を少しずつ返しながら、半熟のうちにオムレツの形に整えます。

**4**　皿にチキンライスを盛ります。3のオムレツを重ね、ナイフで切り込みを入れ、オムレツを広げます。

3

# トマトの冷製パスタ

サラダ感覚でいただける、夏の冷たいパスタです。さっぱりした風味に昆布茶とチーズがよく合います。

◎おいしさのポイント

和風の素材に、オリーブ油や粉チーズを合わせてコクをプラスし、昆布茶でうま味を加えます。

材料（1人分）

- カッペリーニ（乾燥）…60g
- トマト…小1コ
- オクラ…1コ
- みょうが…2コ

ソース

- オリーブ油…大サジ3杯
- レモン汁…小サジ2杯
- 昆布茶…3g
- 粉チーズ…大サジ1杯
- にんにく（すりおろし）…4g
- 塩、黒コショー…各少々作り方

**1** トマトはヘタを取ってクシ形に、オクラは3等分に、みょうがは斜めうす切りにし、冷やしておきます。

**2** 大きめのボールにソースの材料を入れて混ぜ合わせ、冷蔵庫で冷やします。

**3** カッペリーニは、商品の表示通りにゆでます。

**4** 3がゆで上がったら、氷水に取ってよく冷やし、しっかりと水気をきります。

**5** 2のソースを軽く混ぜ、4を入れて軽く和えます。1も入れてさっと混ぜ合わせ、皿に盛ります。

# かんたんカルボナーラ

ボールひとつで仕上げるので、失敗なくなめらかに。
ソースとパスタは、手早く混ぜ合わせます。

◎作り方のコツ
パスタをゆでるときに昆布茶を入れ、麺にうま味を加えます。

◎知ってうれしいコツ
ボールの中でソースを作ります。火にかけずに、熱いゆで汁を加えて、生クリームとマヨネーズの分離を防ぎます。

材料（1人分）
- パスタ（乾燥）…80g
- ベーコン…35g
- 舞茸…50g
- マッシュルーム…2コ
- 昆布茶…2g
- 塩　・黒コショー

ソース
- マヨネーズ…36g
- 玉子の黄味…1コ分
- 粉チーズ…大サジ2杯
- 生クリーム…大サジ1杯

作り方

**1**　パスタは、昆布茶を加えた湯で、商品の表示通りにゆでます。ベーコンは幅1.5㎝に切ります。舞茸は小房に切り分け、マッシュルームは石突きを取って軸ごと厚さ7㎜に切ります。

**2**　ボールにソースの材料を順に加えて混ぜ合わせ、塩2つまみ、黒コショーで味つけします。

**3**　フライパンにベーコンを入れて中火で炒めます。油が出たら、きのこ類を加えてフタをし、蒸し焼きにします。

**4**　2にパスタのゆで汁30㎖を少しずつ加えて混ぜ合わせ、3が熱いうちに加えて、手早くソースと和えます。最後に、パスタを加えて混ぜ合わせ、味をみて必要なら塩・黒コショーでととのえ、皿に盛ります。

# トマトソースペンネ

豚肉をこんがりと焼きつけ、ソースにコクを加えます。黒コショーはたっぷりと挽き、香りのアクセントに。

◎知ってうれしいコツ

生のトマトとトマトジュースを合わせることで甘味と酸味のバランスがとれるので、季節を問わずおいしいトマトソースが作れます。

◎アレンジのコツ

具にきのこを加えたり、いただくときに粉チーズを振ると、それぞれのうま味成分の効果でさらにおいしくなります。

材料（1人分）

- ペンネ（乾燥）…80g
- 豚ロース肉（ブロック）…80g
- 玉ねぎ…1/2コ
- トマト…110g
- 昆布茶…2g
- にんにく（みじん切り）…小サジ1杯分
- 無塩トマトジュース…95g
- 白ワイン…15g
- 唐辛子…1本　・コショー
- バジル、塩、黒コショー…各適量
- オリーブ油…小サジ2杯

作り方

**1**　豚肉は3〜4㎝角に切り、塩・コショーをします。玉ねぎは、センイにそって幅8㎜のうす切りに、トマトはヘタを取ってクシ形に切ります。ペンネは、昆布茶を加えた湯で、商品の表示通りにゆでます。

**2**　フライパンを中火で熱し、豚肉の脂身から焼き、各面にしっかりと焼き色をつけます。玉ねぎを加えて、フライパンの焦げ目をこそげて混ぜ込むように炒め、焼き色がついてきたらにんにくを加えて炒めます。

**3**　白ワインを加えて強火にし、アルコールをとばしたら、トマトジュース、唐辛子、トマトを加えていったん沸かし、火を弱めます。塩2つまみ、コショー少々で味をととのえます。トロミがついてきたら、ゆで上がったペンネを加えて、よく和えます。

**4**　皿に盛り、オリーブ油をまわしかけて黒コショーを挽き、バジルを飾ります。

# 基本のおべんとう術
# 洋食のおべんとう

ハンバーグやカレーライス、鶏肉のソテー、定番メニューを、おべんとう用にアレンジ。野菜たっぷりの副菜を添えて、栄養のバランスを整えます。

# 鶏もも肉のソテーべんとう

カリッと焼いた鶏肉がメインのおかず。同じフライパンできのこも焼いて、あっという間に二品作れます。

◎おいしさのポイント
コクのある肉のおかずと、さっぱりとした野菜のおかずを組み合わせることで、飽きずにいただけます。

◎準備のポイント
ラタトゥイユは休ませると味がしみておいしくなります。たっぷり作って、保存してもよいでしょう。

◎この料理の心もち
味のはっきりとした洋食メニューは、冷めても味がぼやけず、おべんとう向き。食べやすくカットする、ソースは濃いめに煮詰める、汁気のあるものは別添えにするなど、ちょっとした心配りで、ふだんの食卓にも負けないおいしさが味わえます。

## ◎鶏もも肉ときのこのソテー

材料（1人分）
- 鶏もも肉…1枚
- しめじ…50g
- オリーブ油…小サジ1杯
- 塩…適量
- コショー…適量
- 一味唐辛子…適宜

ソース
- 白ワイン…20g
- 粒マスタード…小サジ1杯
- にんにく（すりおろし）…少々
- 無塩バター…小サジ$1\frac{1}{2}$杯

作り方

**1** 鶏肉は、スジを切り、両面に軽く塩・コショーしておきます。しめじは石突きを切り落として、小房に分けます。

**2** カリカリ鶏もも肉のソテー（54頁）手順2と同様にして、鶏肉を焼き、焼き上がる直前にしめじを加えて炒め、火を通します。鶏肉としめじを取り出します。鶏肉は粗熱が取れたら、ひと口大に切って好みで一味唐辛子を振り、しめじは塩・コショーを振ります。

**3** 2のフライパンに、白ワインを加えてアルコールをとばし、粒マスタード、にんにく、バターを加えて、ソースを仕上げます（54頁・手順3参照）。べんとう箱に、鶏肉としめじを盛りつけたら、ソースをまわしかけます。

## ◎ラタトゥイユ

材料（1人分）
- トマト…100g
- なす、ズッキーニ、玉ねぎ
　…各50g
- パプリカ（黄）…40g
- 無塩トマトジュース…50g
- にんにく…1片
- オリーブ油…大サジ1杯
- 塩、コショー…各適量

作り方

**1** トマトは、熱湯にくぐらせて湯むきします。にんにくはつぶします。

**2** すべての野菜を、2cm角ほどの大きさに切りそろえます。

**3** フライパンにオリーブ油を中火で熱し、トマト以外の野菜を炒めます。塩・コショーを振って、フライパンに野菜の焦げ目がつくまで炒め、トマトを加えてざっと炒めます。

**4** 3に、にんにくとトマトジュースを加えてフタをし、5〜6分煮込んで火を止めます。

## ◎バターライス

材料（作りやすい分量）
- 米…2合
- 無塩バター…25g
- 玉ねぎ（みじん切り）…40g
- にんじん（みじん切り）…25g
- セロリ（みじん切り）…15g
- 水…カップ2杯

作り方

**1** 炊飯器に、米と水、野菜を入れ、ちぎったバターをのせて、ふつうに炊きます。

# ハンバーガーべんとう

酸味を効かせたコールスローが、肉の味わいを引き立てます。

◎準備のポイント
前日にハンバーグのタネを用意。

## ◎ハンバーガー

材料（1コ分）
- ハンバーガー用バンズ…1コ

ハンバーグのタネ（小約3コ分）
- 合いびき肉…150g
- 玉ねぎ（みじん切り）…80g
- 乾燥パン粉…20g
- 牛乳…30g　・玉子…1コ
- ナツメグ、塩、コショー…各適量

ソース（1コ分）
- ウスターソース…30g
- ケチャップ…15g
- 玉ねぎ（うす切り）…10g
- 無塩バター…10g

コールスロー（1人分）
- キャベツ（せん切り）…40g
- マヨネーズ…大サジ3杯
- ケチャップ…大サジ$1\frac{1}{3}$杯
- マスタード…小サジ1杯

作り方

**1** やわらかハンバーグ（51頁）と同様にしてタネを焼いてソースを作り、ハンバーグにからめます。

**2** コールスローを作ります。調味料をすべて混ぜ合わせ、キャベツとともにさっくりと和えます。

**3** バンズをトースターで焼きます。

**4** 3に2の半量、ハンバーグ1コ、残りの2の順で挟みます。

## ◎ジャーマンポテト

材料（1人分）
- じゃがいも…1コ（約240g）
- ベーコン（ブロック）…60g
- 無塩バター…10g
- 塩、コショー…各適量

作り方

**1** じゃがいもは下ゆでし、厚さ2cmの半月切りにします。

**2** ベーコンは幅1cmに切ります。

**3** フライパンに2を入れて中火にかけ、カリカリに炒めます。

**4** 1を加えて中火で焼き、片面に焼き色がついたらバターを加え、フライパンをゆすって色よく焼き、塩・コショーで味をととのえます。

# ドライカレーべんとう

73頁の夏野菜カレーのアレンジです。香ばしいおこげが食欲をそそります。

◎準備のポイント
前日のうちに、ドライカレーの素（手順1）を準備。食べきれなかったカレーを使っても作れます。

## ◎ドライカレー

材料（2人分）
- ご飯…150g　・パセリ…適量
- 無塩バター…5g

ドライカレーの素
- 豚ひき肉…120g
- 玉ねぎ、にんじん、セロリ…各25g
- にんにく（みじん切り）…小サジ1/2杯分
- しょうが（みじん切り）…大サジ1/2杯分
- カレー粉…2g
- 市販のカレールウ…20g
- 水…140mℓ
- しょう油…大サジ1杯
- 無塩バター…20g

作り方

**1** 夏野菜カレー（73頁・手順1、4、5）を参考にして、ドライカレーの素を作ります。

**2** フライパンにバターを入れて中火で熱し、ご飯を入れてほぐします。

**3** 1を加えて強火にし、水分をとばしながら炒めます。ご飯を広げて炒める、返してほぐす、をくり返し、おこげができるまで炒めます。
※ご飯は広げて焼きつけるように炒め、カレーの水分をとばします。

**4** 容器に盛り、パセリを添えます。

## ◎ボイル野菜とごまマヨソース

材料（1人分）
- かぼちゃ、にんじん…各50g
- ピーマン…1/2コ

ごまマヨソース（混ぜ合わせておく）
- 練りごま（白）…18g
- マヨネーズ…36g
- 炒りごま（白・黒）…各少々

作り方

**1** かぼちゃ、にんじん、ピーマンは食べやすく切ってゆでます。ごまマヨソースを添えます。

# 年末年始のごちそう おもてなしホームディナー

家庭で手軽にできる、コース仕立てのディナー。
ふだんよりもぐっと華やかに、
大皿にたっぷりと盛りつけて、
心おどるような食卓を作ります。

# 始まりはさわやかな前菜で。メインへの期待も高まります。

家庭でできる、洋食のおもてなしを三國清三さんに教えていただきました。作り置きできる料理、途中まで仕込んでおける料理、当日さっと作れる料理の組み合わせ。休ませることで味を深めたり、できたてを供するなど、時間をじょうずに使って、常に一番おいしい状態でいただけるよう心がけます。盛りつけにも心を配りましょう。ふだんの料理に彩りの良い素材を加える、丸皿をオーバル皿や角皿に変える、たっぷりの量を盛るなど、ちょっとした工夫でおもてなしの雰囲気が作れます。

◎おいしさのポイント
エスカベッシュは、冷蔵庫で冷やし、漬け汁をなじませれば、味がしみていっそう味わい深く仕上がります。

焼きプリンは、ブランデーに漬けたレーズンがポイント。ほろ苦いカラメルとあいまって、香り高い大人のデザートになります。

◎作り方のコツ
ガスパチョのきゅうりは、皮をむいてミキサーにかけて変色を防ぎます。
エスカベッシュは、イワシを焼いたフライパンに漬け汁を入れ、うま味を移します。

## イワシのエスカベッシュ

材料（5〜6人分）
- イワシ（三枚おろし）…8尾分
- パセリ（粗みじん切り）…適量

漬け汁（混ぜ合わせておく）
- オリーブ油…120㎖
- 玉ねぎ（みじん切り）…120g
- しょうが（みじん切り）…4g
- にんにく（みじん切り）…4g
- ローリエ…1/2枚
- 唐辛子…1本　・水…120㎖
- 白ワインビネガー…70g

作り方

**1**　フライパンにオリーブ油大サジ2杯（分量外）を入れて中火で温めます。イワシの皮面を下にして入れ、両面こんがりと色よく焼きます。

**2**　漬け汁は、軽く温めておきます。

**3**　1のフライパンに漬け汁を加えて強火で沸かします。少し火を弱めて、イワシに火を通します。パセリを加えて火を止めます。

## ガスパチョ

材料（5〜6人分）
- トマト…340g
- きゅうり…100g
- セロリ…50g
- 玉ねぎ…65g
- パプリカ（赤）…70g
- にんにく（すりおろし）…2g
- レモン汁…20g
- 水…カップ1/2杯
- オリーブ油…大サジ4杯
- 塩…3g
- コショー…適量

作り方

**1**　きゅうりは皮をむいて乱切りに、セロリはスジを取って乱切りにします。玉ねぎは、センイにそってうす切りにします。パプリカはヘタを取ってタテに4等分し、幅1.5cmに切ります。トマトはヘタを取り、ざく切りにします。

**2**　ミキサーに、順にオリーブ油、塩、水、にんにく、レモン汁を入れます。トマト以外の野菜を加え、なめらかになるまで撹拌します。

**3**　いったんミキサーのフタを開け、トマトの半量を加えて撹拌します。
※まず半量のトマトを撹拌して、カサを減らします。

**4**　残りのトマトを加えてなめらかになるまで撹拌します。
※中身が増えて、フタが閉められないときは、二重にしたラップを口にぴったりと貼って輪ゴムで留めると、ミキサーを回すことができます。

**5**　塩（分量外）・コショーで味をととのえてボールなどに移しかえ、冷やしてからいただきます。
※急いで冷やすときは、ボールの底を氷水にあてておきます。

2

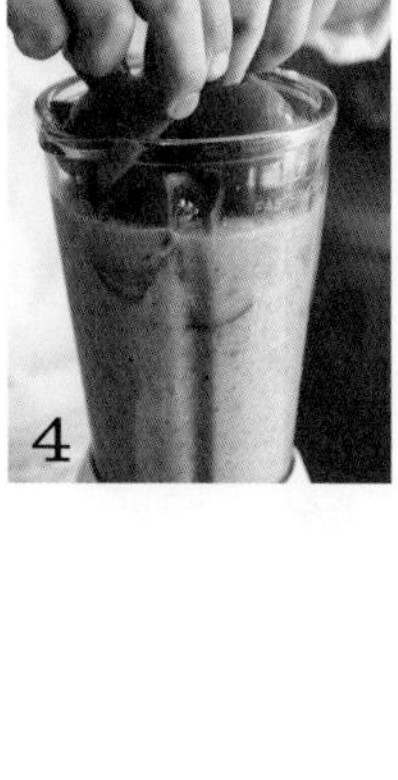
4

華やかグリーンサラダ
かんたんローストポーク
焼きプリンのブランデー風味

# 彩りと食べごたえのあるメニュー、ビターなデザートで締めくくります。

## 華やか グリーンサラダ

材料（4人分）
・レタス…200g
・むきエビ…8尾
・きゅうり…1本　・水菜…1株
・ブロッコリー…60g
・いちご、ミニトマト、ラディッシュ…各4コ
・カニ（缶詰）…1缶（55g）
・カニかまぼこ（ほぐす）…50g
・レモン（クシ形に切る）…1コ
ドレッシング（混ぜ合わせておく）
・オリーブ油…90g
・白ワインビネガー…30g
・粒マスタード…18g

作り方
1 レタスは食べやすくざく切りに、きゅうりは厚さ1cmの輪切りにします。水菜は長さ5cmに切ります。ブロッコリーは小房に分けてゆで、エビもゆでておきます。
2 ボールに、ブロッコリー、カニかまぼこ、エビを入れ、ドレッシングを少し加え、からませます。
3 皿に、1と2、いちご、ミニトマト、ラディッシュ、カニ缶を彩りよく盛りつけ、残りのドレッシングをかけて、レモンを添えます。

## かんたん ローストポーク

材料（作りやすい分量）
・豚ロース肉（ブロック）…450g
※塩・コショー少々で下味をつける。
・クレソン…適量
マリネ液（混ぜ合わせておく）
・赤ワイン…110g
・うす口しょう油…40g
・柚子果汁…大サジ1杯
・しょうが（みじん切り）…12g
・にんにく（みじん切り）…8g
・ローリエ…1/2枚
・ローズマリー（生）…1本
ソース
・マリネ液　・無塩バター…25g
・塩、コショー…各少々

作り方
1 保存用ポリ袋に、豚肉とマリネ液を入れ、冷蔵庫で3時間漬けます。
2 豚肉を取り出して常温にもどし、150℃のオーブンで約40～50分焼きます。マリネ液は漉して、ボールなどに移しておきます。
3 ソースを作ります。小鍋に、マリネ液を入れて沸かし、1/3位の量に煮詰めます。バターを加えてトロミをつけ、2の焼き汁、塩・コショーを加えて混ぜ、火を止めます。
4 肉をスライスし、3のソースとクレソンを添えます。

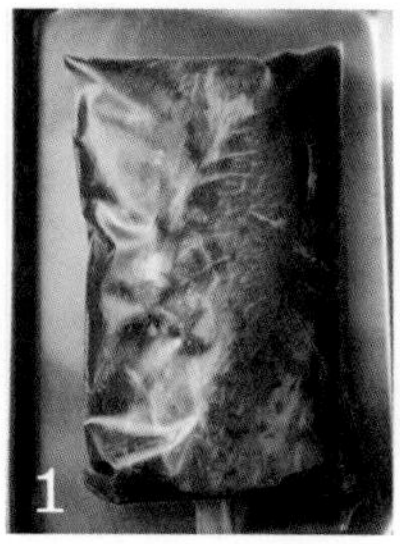
1

## 焼きプリンのブランデー風味

材料（10×15×6cmの型1台分）
・玉子…M玉4コ
・牛乳…225ml　・砂糖…75g
・バニラビーンズ…1/3本
・レーズン…40g
※水でもどして、ヒタヒタのブランデーに漬けておく。
・バゲット（長さ15cm位）…2本
カラメル
・無塩バター…3g　・砂糖…50g

作り方
1 型の内側にバター（分量外）を塗り、オーブンペーパーを貼ります。バニラビーンズはタテ半分に切り、ナイフの背で種をこそげて、サヤと分けておきます。バゲットはタテ半分に切ります。
2 フライパンにバターと砂糖50gを入れて中火にかけ、焦がしてカラメルを作り、型に流し入れます。
3 ボールに玉子を溶き、砂糖とバニラビーンズの種を混ぜ合わせます。
4 鍋に牛乳とバニラビーンズのサヤを入れて沸かし、サヤを取り除きます。3のボールに少しずつ加えて混ぜ合わせます。鍋に戻し、トロミがつくまで弱火で温めます。
5 バットにバゲットを入れて4をかけ、何度か返してしみ込ませます。
6 型にレーズンを入れ、5を汁ごと入れ、冷蔵庫で半日置きます。
7 160℃のオーブンで約30分焼き、粗熱が取れたら型から取り出して、食べやすく切り分けます。

中

# ウー・ウェンさんの中華の基本料理

料理　ウー・ウェン　写真　新居明子　スタイリング　高橋みどり

# 素材の持ち味を最大限に生かす、中国家庭料理

## 体調に合ったものを食べ、旬を取り入れる。

家庭料理は、家族の健康を支えるものです。旬の食材を使った料理は、健康な身体を作ってくれる、食べる薬。その季節に一番おいしいものは、身体が求めているものです。

春は山菜や青菜など少し苦味のある野菜で、冬の間代謝が落ちて身体にたまった毒素を除きます。夏はトマトやなす、きゅうりなどの夏野菜で、身体の中の熱を冷まして水分を補う。生だけでなく、炒めたり焼いたりして、身体を冷やし過ぎない工夫も必要です。秋は食物繊維が多くカロリーの低いきのこで、夏に疲れた身体を休ませ、冬は根菜で身体を温めます。

わたしたちは生まれたときから、本能で栄養を必要としています。自分を粗末にせず、身体の声を聞き、その日その日に身体が必要としているものを食べてください。特別なものでなくてよいのです。どこにでもあるふつうの食材で、おいしい料理を作りましょう。毎日の家庭料理が健康につながることがわかれば、ていねいに作ろうという気持ちになるはずです。

## 毎日おいしく作り続けるには？

わが家の冷蔵庫には野菜がありません。それは、買ってきたその日に食べきってしまうから。新鮮な野菜は栄養価も高いので、使いきることは、野菜にも身体にもよいのです。野菜は、一日一種類を食べるのがわたし流。一日何品目などと完璧を目指さず、一週間単位で考えます。そんな考えからご紹介するのが、野菜一種類で作る料理（92～96頁）。体調に合わせて、とりたい野菜をたっぷりいただく知恵です。

肉は塊でゆでたり蒸したりして保存し、料理に展開するのもひとつの工夫。豚肉を塊で蒸せば（104頁）、チャーシュー（105頁）やホイコウロウ（106頁）が手軽に作れます。

献立や味つけに迷ったら、互いに補い合うものを組み合わせます。濃いうすい、かたい柔らかい、塩辛い酸っぱい、生かし合うのが大切なのは人間と同じ。食事にリズムが出て、品数が少なくても満足できます。生きた家庭料理とは、生活の知恵そのもの。毎日続いていくことだから、現実的で堅実なものでありたいと思います。

ウー・ウェンさん。料理研究家。東京と北京でクッキングサロンを主宰。身近な材料で、作りやすい中国家庭料理を提案している。

料理に、理由のないおいしさはありません、と話す。切り方、火の入れ方、調味料を加える順番、すべてに意味がある。

# 炒めもの三カ条。

まず心がけたいのは、ていねいな下ごしらえです。野菜の特長を生かし、料理に合った切り方（97頁）をする。大根や白菜などは炒める前に塩をまぶすと、浸透圧で水分が出るため、カサが減りたくさん食べられます。下味がついているので、よけいな調味料がいりません。

次に、素材をフライパンに入れたら、火が通るまで、あわてずゆっくり中火で炒めること。強火で一気にあおる必要はありません。

三つ目のポイントは調味料を加えるタイミング。水分の多い野菜は炒めている途中ではなく、最後に塩を加えて味つけすると水っぽくなりません。水溶き片栗粉を使えば、水分とうま味を閉じ込められ、より効果的です（次項参照）。

また、中国では、料理によってさまざまな油を使い分けます。油は加熱のためだけでなく、香りを楽しむ調味料でもあります。炒めものには、素材の風味と香りを生かす太白ごま油（サラダ油でも可）、仕上げにはごま油で香りをつけます。たっぷりの量を炒めるには、深めのフライパンがあると重宝しますよ。

炒めものは単純なようで、細やかな作業を積み重ねる繊細な料理です。だからこそ、落ち着いてできるときに作ってくださいね。

ていねいに作った炒めものは、野菜の甘味が引き出されておいしさもアップ。色鮮やかでみずみずしく、見た目も食欲をそそる。

# 片栗粉をじょうずに使う。

わたしは、料理の下ごしらえや仕上げに、よく片栗粉を使います。慣れないうちはひと手間ですが、仕上がりが格段に良くなります。

ひとつ目は、仕上げの水溶き片栗粉。麻婆豆腐（110頁）やエビチリ（114頁）がこれにあたります。水溶き片栗粉が素材をコーティングして、まんべんなく味がからみます。煮汁を吸ってまとめてくれるので、時間がたっても水っぽくなりません。この方法は、トマトなど水分が多い野菜を炒めるときにも効果的。水気が出てくるので、味つけをしたらすぐに水溶き片栗粉で水分を閉じ込めるのです。わたしが使うのは、片栗粉小サジ1/2〜1杯に、水大サジ1杯を溶いた、ごくうすいものです。鍋肌を避けて、熱くなった素材の上からまわし入れれば、ダマになる心配はありません。

ふたつ目は、下ごしらえの片栗粉です。エビやホタテなど、熱でかたくなりやすい素材は、表面に片栗粉をまぶしてから火を通します。素材の水分を閉じ込めてしっとりと仕上がるほか、片栗粉が素材と調味料をつなぐ役割をして、味のムラがなく、まんべんなくおいしくなります。下味をつけてから加熱するときは、調味料をまぶしたあとに片栗粉を揉み込んでおきます。

仕上げの水溶き片栗粉は、ごくうすいものを使って軽やかにまとめる。下ごしらえの片栗粉は、少量を軽くまぶす程度でよい。

# 身近な素材で作る、かんたんでおいしい、中国のスープ。

日本にみそ汁があるように、中国にも毎食いただくスープがあります。具だくさんのスープではなく、乾物や調味料などいつも台所にあるものでスープの素を作って水を加え、ねぎや玉子などを具にした、ごくシンプルなもの。たとえば北京は乾燥が厳しい気候のため、スープは水分補給の役目もあり、毎日飲んでも飽きないスープは食事に欠かせない存在なのです。ここでは、ひき肉、乾物、しょう油を使ったものをご紹介します。ひき肉や乾物は、スープの素と具を兼ねています。

## 1　ひき肉を使って

ひき肉が中途半端に余ってしまったときにもおすすめ。ひき肉は、豚・鶏どちらでも結構です。ひき肉にみそを加えて香ばしく炒めた、肉みそがスープの素になります。（１０８頁）

## 2　干し椎茸を使って

素材のうま味が凝縮した乾物で作ったスープは、滋味深い味わいです。干し椎茸は、時間をかけてもどすのがコツ。もどした干し椎茸はスライスし、具として加えます（１０８頁）。黒コショーや黒酢で味にアクセントをつけ、椎茸のうま味を味わいます。

## 3　桜エビを使って

桜エビは水でもどす手間がいらないので、手軽に使えます。必ず、香りが立ってくるまで炒めてください（１０９頁）。味つけも具も最小限にして、桜エビの繊細な味わいを生かします。具を加えるときは、豆腐など淡白な味わいのものがよいでしょう。

## 4　しょう油を使って

しょう油は、煮立たせて香りを引き出すのがポイント。ただし火が強過ぎるとせっかくの香りがとんでしまうので、中火で鍋肌が焦げる位をめやすにします。焦がししょう油の香ばしさに、しょうがとねぎのみじん切りで、さわやかな風味を加えます（１０９頁）。

# にんじんの塩炒め

にんじんの甘味が口いっぱいに広がります。
ツヤのある美しい炒め上がりが食欲をそそります。

◎作り方のコツ
にんじんがしんなりとし始め、鮮やかなオレンジ色になったら、味つけをします。

◎知ってうれしいコツ
炒めものは、熱いボールの中で、野菜を和えるようなイメージで。料理店のように強い火力で手早く炒めなくても、油をなじませるように静かにゆっくり炒めれば、きちんと火を通すことができます（90頁参照）。

◎この料理の心もち
一種類の野菜だけで作る炒めものは、単純だからこそ、切り方をていねいに、調味料をタイミングよく加えて（90頁参照）、素材の味わいを引き出します。

材料（4人分）
- にんじん…2～3本
- 太白ごま油…大サジ1杯
- 塩…小サジ1/5杯
- 粗挽き黒コショー…少々

作り方

**1** にんじんは皮をむいて、斜めうす切りにします（a）。うす切りにしたにんじんをずらして重ね、せん切りにします（b）。

**2** 深めのフライパンに、太白ごま油を入れて中火にかけ、1を入れて、油をなじませるように炒めます。にんじんがしんなりとし始めたら、塩・コショーで味をととのえ、火を止めます。

1-a

1-b

# ピーマンの炒めもの

香り立つしょう油とピーマンの甘味を楽しみます。

◎作り方のコツ

しょう油は必ず鍋肌から入れ、熱で香りを立たせてから、からめます。

材料（4人分）

- ピーマン…4～5コ
- 太白ごま油…大サジ1杯
- しょう油…大サジ2/3杯
- 粗挽き黒コショー…少々

作り方

**1** ピーマンはヘタを取り、種を除き、幅7～8㎜の輪切りにします。

**2** 深めのフライパンに、太白ごま油を入れて中火にかけ、1を入れ、全体に油をなじませるように炒めます。しんなりとし始めたら、鍋肌からしょう油を入れて香りを立たせ、全体にからめます。コショーを振って香りをつけ、火を止めます。

# 大根の炒めもの

うす味の大根を黒コショーが引きしめます。

◎準備のポイント

切った大根に塩を振り、余分な水分を出しておくと、時間がたっても水っぽくなりません。

材料（4人分）

- 大根…600g ・塩…3g
- 太白ごま油…大サジ1杯 ・粗挽き黒コショー…少々 ・片栗粉…小サジ1/2杯 ※水大サジ1杯で溶く。

作り方

**1** 大根は皮をむいて長さ5㎝に切り、タテにせん切りし（97頁1参照）、ボールに入れ塩を振って10分おき、水気をしっかりしぼります。

**2** フライパンに、太白ごま油とコショーを入れて中火にかけ、香りが立ってきたら1を入れ、透明になるまで炒めます。水溶き片栗粉をまわし入れ、トロミをつけます。

# 野菜の春巻き

野菜の濃い甘味と、皮の香ばしさがよく合います。塩味がついているので、タレなしでいただきます。

◎知ってうれしいコツ
高過ぎない温度の少なめの油で、じわじわと揚げると、冷めてもパリッとした仕上がりに。返しながら、5分位をめやすに揚げます。

◎アレンジのコツ
具はほかにも、そら豆やとうもろこし、さやいんげんなど火が通りやすい野菜がおすすめ。また、ご飯にたらこを混ぜたものを具にしても、目先の変わったひと品になります。

材料（4人分）
・にんじん…2本
・ピーマン…4～5コ
・春巻きの皮…8枚（にんじんの春巻きとピーマンの春巻き各4枚）
・塩、黒コショー…各少々
・揚げ油（太白ごま油）
…カップ1杯
春巻きの糊（混ぜ合わせておく）
・小麦粉…大サジ2杯
・水…大サジ2杯

作り方

**1** にんじんは皮をむき、センイに直角にうすい輪切りにし、ずらして重ね、せん切りにします（97頁2参照）。塩・コショーをします。ピーマンはヘタと種を除き、タテにせん切りし、塩・コショーをします。

**2** にんじん・ピーマンの春巻きを各4本作ります。春巻きの皮1枚をひし形に置き、中心よりも少し下に、にんじんの1/4を置きます。下の角を折り上げ、左右の角は内側にたたみます。包み終わりは糊をつけ、巻いて留めます。残りも同様にします。

**3** 揚げ油を170～180℃で熱し、春巻き4本を入れます。箸でときどき返しながら揚げ、表面がカラリとし、色よく揚がったら取り出します。残りも同様に揚げます。

# 大根のピリ辛煮もの

豆板醤と花椒《ホワジャオ》、ふたつの辛味を効かせます。

◎作り方のコツ
乱切りで、味をよくなじませます。

材料（4人分）
・大根…500g　・花椒…10粒
・太白ごま油…大サジ1/2杯
・豆板醤…大サジ1/2杯
・日本酒…カップ1/2杯
・片栗粉…小サジ1/2杯
※水大サジ1杯で溶く。
・ごま油…小サジ1杯

作り方
**1** 大根は皮をむき、乱切りにします（97頁3参照）。
**2** フライパンに、太白ごま油、豆板醤、たたきつぶした花椒を入れて中火にかけ、香りが立ってきたら1を加え、からめるように炒めます。日本酒を注いでフタをして弱火にし、10分蒸し煮します。水溶き片栗粉を入れ、ごま油を加えます。

# チンゲン菜の炒めもの

みそとハチミツでコクのある味わいを作ります。

◎準備のポイント
チンゲン菜は大きめなら2株、小さめのものは3株をめやすに使います。

材料（4人分）
・チンゲン菜…2～3株
※葉と芯に切り分ける。
・太白ごま油…大サジ1杯
合わせ調味料（混ぜ合わせておく）
・みそ、日本酒…各大サジ1/2杯
・ハチミツ…小サジ1杯
・黒コショー…少々

作り方
**1** チンゲン菜は葉を長さ半分に、芯は長さ3cmに切ります（97頁4参照）。
**2** 深めのフライパンに、太白ごま油を入れて中火にかけ、チンゲン菜の芯を入れて油をなじませるように炒めます。表面が透明になってきたら、合わせ調味料で味つけします。葉を加え、ざっと炒め合わせて、火を止めます。

## 白菜の煮もの

干しエビのダシが、淡白な白菜にうま味をプラス。

◎準備のポイント
干しエビは刻んでうま味を引き出す。

材料（4人分）
- 白菜…600g
※芯と葉に切り分ける。
- 干しエビ（粗く刻む）…20g
- 太白ごま油…大サジ1杯
- 日本酒…カップ$\frac{1}{2}$杯
- オイスターソース…大サジ1杯
- 塩…小サジ$\frac{1}{5}$杯
- ごま油…大サジ$\frac{1}{2}$杯

作り方

**1** 白菜の芯は長さ3cmのそぎ切り、葉は長さ5cmに切ります。

**2** 深めのフライパンに太白ごま油と干しエビを入れて中火にかけ、香りが立ったら、白菜の芯を入れ油をなじませるように炒めます。

**3** 日本酒を入れてフタをし、弱火で7~8分蒸し煮します。オイスターソースと塩、葉を加え、フタをして2分蒸し煮し、ごま油を加えてざっと炒め、火を止めます。

## キャベツの蒸しもの

キャベツ本来のおいしさを引き出したひと品。

◎おいしさのポイント
キャベツは大きめに切ることで、風味を損なうことなく仕上がります。

材料（2人分）
- キャベツ…$\frac{1}{2}$コ

塩ダレ（混ぜ合わせておく）
- 粗塩…小サジ1杯
- ごま油…大サジ1杯

しょう油ダレ（混ぜ合わせておく）
- しょう油…大サジ1$\frac{1}{2}$杯
- 黒酢、ごま油…各大サジ1杯

作り方

**1** キャベツは、芯をつけたまま4等分のクシ形に切ります。

**2** 鍋に湯を沸かして蒸し器をのせます。充分に蒸気が上がったら、1の切り口を下にして並べ、5分蒸します。

**3** 好みのタレでいただきます。

# 切り方のコツ

野菜のおいしさを引き出す切り方があります。92〜96頁の料理に役立つ切り方集です。

## 1　炒めものはセンイを生かす

炒めものは、なるべく野菜から水分を出さないようにします。野菜のセンイにそってせん切りにするのがポイント。水っぽくならず、野菜自体はシャキッと仕上がります。大根の場合はタテにうす切りにしてからせん切りにします（a）。ピーマンは、チンジャオロースーの肉などのように、一緒に炒めるものがあるときは、センイにそって細切りにし（b左）、肉に負けないよう存在感を出します。にんじんのようにかたい野菜は、斜めうす切りにしてせん切りにすると、適度にセンイを断ちながら水分を保つので、みずみずしく仕上がります（92頁）。

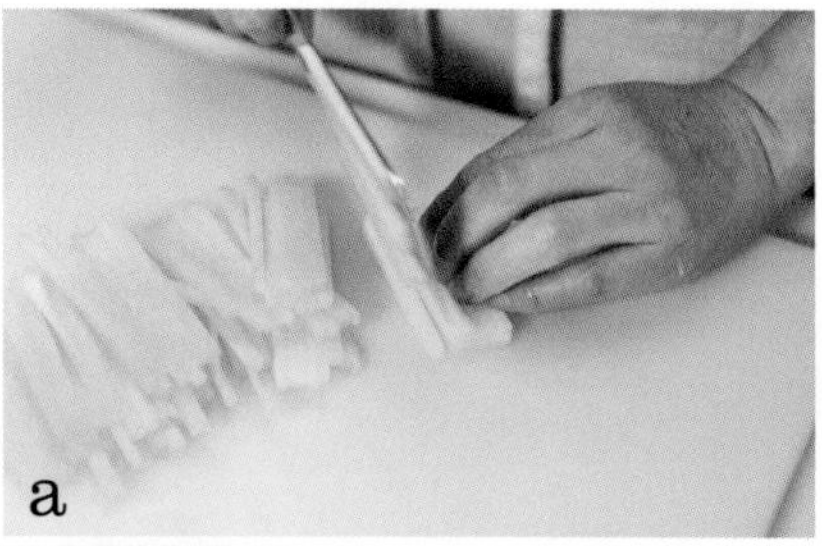
a

b

## 2　センイを断ち、水分を出す

1とは逆に、野菜のセンイを断つように切ると、水分が出やすくなって、しんなりと柔らかくなります。大根やにんじんの場合は、輪切りにしてセンイを断ってから、ずらして重ね、せん切りにします（c・d中央）。にんじんのようにかたい野菜でも、火が通りやすくなるので、春巻きの具（94頁）にしたり、味がからみやすくなるので和えものや、うま味が外に出やすくなることから、スープの具にも向いています。ピーマンは、単品で炒めるときは、輪切りにします（b右）。複雑な形状のため調味料がきちんとからんで、食べごたえが出ます。

c

d

## 3　乱切りにする

大根の煮ものに向くのは乱切り（95頁）。一定の角度で回転させながら斜めに切ると、断面積が大きくなり（e）、味がよくなじみます。ひと切れの中に厚さの違いができるので、味の含み具合に強弱ができ、食べ飽きません。

## 4　葉ものを切り分ける

白菜やチンゲン菜は、葉と芯に切り分けます。時間差で火を入れれば、芯と葉の仕上がりをそろえることができます。白菜は、葉を1枚ずつ外してから芯を二等辺三角形に切り、チンゲン菜は株の状態で、葉と芯に切り分けます（f）。

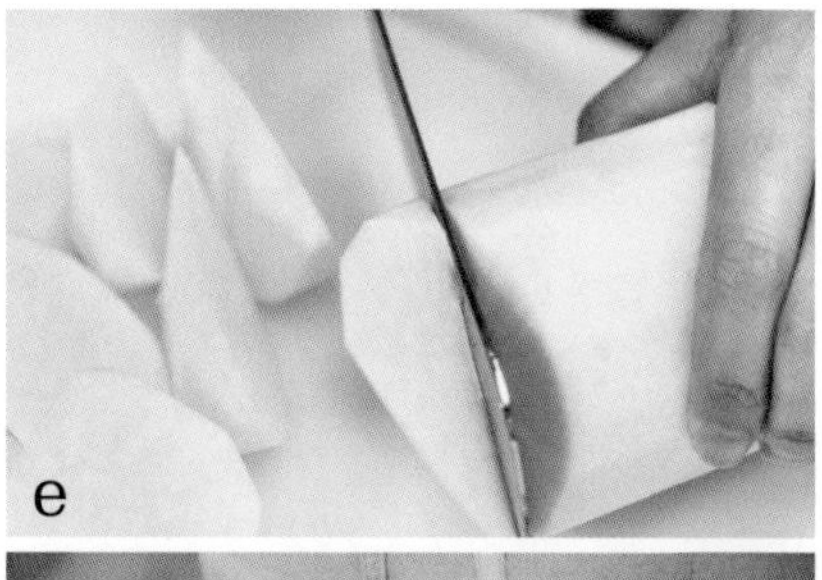
e

f

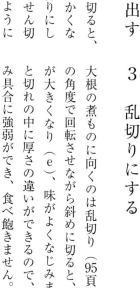

# 蒸し鶏

蒸すことでうま味を閉じ込めます。
しっとりとした口あたり、コクのある味わいに。

◎準備のポイント
鶏肉は塩をまぶして、余分な水分を出しておくと、蒸しても水っぽくなりません。

◎知ってうれしいコツ
蒸し上がったら、すぐに取り出さず、蒸し器のフタをしたままで冷ますと、しっとりとした状態が保てます。

◎この料理の心もち
まとめて作っておけば、和えものや炒めものが手早く作れます。展開していく工夫が、毎日のごはん作りを楽しくします。

材料（作りやすい分量）
- 鶏もも肉…4枚
- 塩…大サジ1杯
- 黒コショー…小サジ$\frac{1}{2}$杯
- 日本酒…大サジ3杯
- みょうが…適量

タレ（混ぜ合わせておく）
- しょう油…大サジ1杯
- 粒マスタード…大サジ2杯
- ごま油…大サジ$\frac{1}{2}$杯

作り方

**1** 鶏もも肉に塩・コショー、日本酒を振り、1時間ほどおきます。時間に余裕があれば、一晩おいておくとよりおいしくなります。

**2** 鶏肉は皮面を下にして置き、ロール状に丸めます。

**3** 鍋に湯を沸かして蒸し器をのせます。充分に蒸気が上がったら、2をのせて中火で20分蒸し、蒸し器にのせたまま冷まします。

**4** 3をスライスし、タレをまわしかけて、輪切りにしたみょうがをのせていただきます。

※ラップで包んで、冷蔵庫で保存できます。2〜3日で食べきります。

2

# バンバンジー

花椒《ホワジャオ》のほのかな辛味と、黒酢の酸味がさわやかです。

◎知ってうれしいコツ
きゅうりはたたきつぶしてから切ることで、タレがよくからみます。

作り方
**1** 蒸し鶏は、うす切りにします。
**2** きゅうりは、すりこ木でたたきつぶしてから、長さ3cmに切ります。
**3** ボールに1とタレを入れて和え、きゅうりを加えて和えます。

材料（4人分）
- 蒸し鶏…98頁の1/4量
- きゅうり…2本

タレ（混ぜ合わせておく）
- 練りごま（白）、しょう油、黒酢…各大サジ1杯
- 花椒粉…小サジ1/3杯

# 鶏肉ときのこの炒めもの

きのこの食感がアクセントです。

◎おいしさのポイント
エリンギは、乱切りで適度にセンイを残し、歯ごたえを生かします。

作り方
**1** エリンギは乱切りにします。
**2** 蒸し鶏はひと口大の角切りにして、片栗粉をまぶします（90頁参照）。
**3** フライパンに太白ごま油を入れて中火にかけ、蒸し鶏を入れて油をなじませるように炒めます。エリンギを加えてざっと炒め合わせ、日本酒を振ってフタをし、弱火で3分蒸し煮します。塩、黒酢、黒コショーで味つけして火を止めます。

材料（4人分）
- 蒸し鶏…98頁の1/4量
- エリンギ…2本　・片栗粉…小サジ1/2杯　・日本酒…大サジ1杯
- 塩…小サジ1/5杯　・粗挽き黒コショー…少々　・黒酢…大サジ1/2杯　・太白ごま油…大サジ1/2杯

# 鶏肉の細切り炒め

むね肉の繊細な味わいを生かし、うす味に仕上げます。しっとりとした食感がたまらないひと品です。

作り方

**1** 鶏むね肉は、センイにそってうす切りにしてからせん切りにし、下味の材料を順にまぶしておきます（90頁参照）。

**2** 万能ねぎは、長さ5〜6㎝に切ります。

**3** 炒め鍋に太白ごま油を入れて中火にかけます。1を入れて炒め、しっかりと火を通します。合わせ調味料を加えて味つけし、2を加え、さっと炒め合わせて、火を止めます。

◎作り方のコツ
肉のセンイにそって切ると、水分が保たれ、みずみずしく炒め上がります。片栗粉をまぶしておくので、味がよくからみます。

材料（4人分）
- 鶏むね肉…300g
- 万能ねぎ…1/2束
- 太白ごま油…大サジ1杯

下味
- 黒コショー…小サジ1/3杯
- 日本酒…大サジ1杯
- 塩…小サジ1/5杯
- 片栗粉…小サジ1/2杯
- ごま油…小サジ1杯

合わせ調味料（混ぜ合わせておく）
- しょう油…大サジ2/3杯
- ハチミツ…小サジ1杯

# 大きな肉団子（獅子頭《シーツトウ》）

鶏ひき肉ならではの、柔らかな口あたり。うま味たっぷりのスープごといただきます。

◎作り方のコツ
肉団子のタネに加えたパン粉が、肉をまとめながら、肉のうま味をしっかりと含みます。煮込む前に、肉団子の表面にだけ火を通しておき、うま味を閉じ込めます。

材料（4人分）

肉団子のタネ
- 鶏ひき肉…300g
- 黒コショー…少々
- 日本酒…大サジ1杯
- しょう油…大サジ1杯
- 玉子…1コ
- 玉ねぎ（みじん切り）…$\frac{1}{2}$コ分
- 生パン粉…50g
- 片栗粉…大サジ1杯
- ごま油…大サジ1杯

煮汁
- 水…カップ1杯
- 日本酒…カップ$\frac{1}{2}$杯
- 塩…小サジ$\frac{1}{5}$杯
- 黒コショー…少々

作り方

**1** ボールに鶏ひき肉を入れます。続けて、タネの材料をひとつずつ入れて、その都度よく練り混ぜます。4等分して、それぞれ大きな団子状にまとめます。

※タネの材料は記載順に、ひとつずつ加えて練り混ぜます。

**2** 鍋に、水と日本酒を入れて中火にかけ、沸騰したところに、1の肉団子を入れます。菜箸で転がして、全体が白っぽくなる位に表面を固めます。

**3** 弱火にしてフタをし、15分煮ます。塩・コショーで味をととのえ、火を止めます。

# 豚ひき肉のシュウマイ

ふわっと柔らかい食感。タネにしっかり味をつけるので、何もつけずにおいしくいただけます。

◎アレンジのコツ

具をあれこれ加えなくても、肉の種類を変えるだけで、異なる味わいが楽しめます。豚ひき肉のほかに、合いびき肉（下段コラムを参照）、牛ひき肉もおすすめです。

材料（4人分）

- シュウマイの皮…1袋（24枚）

シュウマイのタネ

- 豚ひき肉…300g
- 黒コショー…少々
- 日本酒…大サジ1杯
- しょう油…大サジ1杯
- 塩…1つまみ
- オイスターソース…大サジ1/2杯
- 玉子の白味（※）…1コ分
- 片栗粉（※）…大サジ2杯

（※）2つを混ぜ合わせておく。

- ごま油…大サジ1杯
- 生パン粉…20g
- 玉ねぎ（みじん切り）…1/2コ分

作り方

**1** タネを作ります。ボールにタネの材料を順番にひとつずつ加えていき、その都度よく練り混ぜます。

**2** 手のひらに皮をのせ、菜箸で1のタネを中央にのせます。

※菜箸でタネを軽く押しながら広げて空気を抜き、皮に密着させます。

**3** 両手の親指と人さし指で輪を作り、2を輪の中に落とし込むようにします（a）。口をすぼめるように、軽く握りながら包み、底面を平らに整えます（b）。

**4** 鍋に湯を沸かして蒸し器をのせます。充分に蒸気が上がったら、3を並べ入れ、中火で12分蒸します。

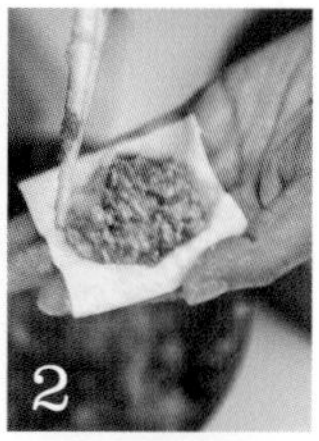
2

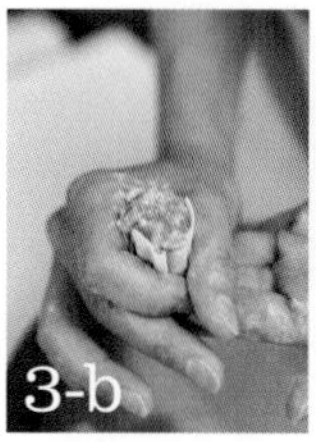
3-b

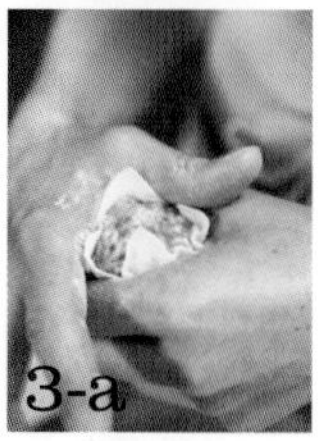
3-a

4

〈ひと工夫のアレンジレシピ〉

## 合いびき肉のシュウマイ

コクがある牛豚の合いびき肉は、黒コショーを効かせ、味を引きしめます。

材料（4人分）

- シュウマイの皮…1袋（24枚）

シュウマイのタネ

- 合いびき肉…300g
- 粗挽き黒コショー…小サジ1/3杯
- 日本酒…大サジ1杯
- しょう油…大サジ1杯　・塩…小サジ1/5杯
- 玉子の白味（※）…1コ分
- 片栗粉（※）…大サジ2杯

（※）2つを混ぜ合わせておく。

- ごま油…大サジ1杯　・生パン粉…20g
- 長ねぎ（みじん切り）…10cm分

作り方

**1** ボールにひき肉を入れ、タネの材料を順番にひとつずつ加えていき、その都度よく練り混ぜます。

**2** シュウマイの皮でタネを包みます（包み方は上記2・3参照）。

**3** 上記手順4と同様に蒸します。

# 蒸し豚

蒸した豚肉は、しっとりジューシー。
香りのよい大葉と一緒にいただきます。

◎おいしさのポイント
適度に脂がのった肩ロース肉を使い、ジューシーに仕上げます。

◎準備のポイント
肉に塩をまぶしたら、一晩休ませます。余分な水分を出して、くさみを取ります。

◎作り方のコツ
おいしい肉汁を逃がさないよう、粗熱が取れてからスライスします。

材料（作りやすい分量）
- 豚肩ロース肉（ブロック）…1kg
- 塩…大サジ2杯
- 大葉…適量
- 粗塩…適宜
- 練り辛子…適宜

作り方

**1** 豚肩ロース肉は、4等分に切り分け、表面に塩をまんべんなくつけて、冷蔵庫で一晩おきます。

**2** 鍋に湯を沸かして、蒸し器をのせます。充分に蒸気が上がったら、1を蒸し器に並べて40分蒸します。フタをしたままで冷まします。

**3** スライスして大葉を添え、好みで粗塩や辛子をつけていただきます。

※蒸し豚は切らずにラップで包んで、冷蔵庫で保存できます。3〜4日で食べきります。

# チャーシュー

甘辛いタレがよくからんだチャーシュー。黒酢の風味でさわやかな後味です。

◎作り方のコツ
豚肉は菜箸で転がして、合わせ調味料をムラなくからませます。

◎アレンジのコツ
そのままいただくほか、チャーハンやラーメンの具にするのもおすすめ。おべんとうにも重宝します。

材料（4人分）
- 蒸し豚…104頁の1/2量

合わせ調味料
- しょう油…大サジ2杯
- 日本酒…大サジ2杯
- 黒酢…大サジ1杯
- オイスターソース…大サジ1杯
- ハチミツ…大サジ1杯
- 黒コショー…少々

作り方

**1** 鍋に合わせ調味料の材料を入れて中火にかけて煮立たせ、香りが立ってきたら蒸し豚を入れます。

**2** 火を弱めて、菜箸で豚肉を転がしながら、合わせ調味料をまんべんなくからめます。合わせ調味料が煮詰まってトロリとしてきたら、火を止めます。火を止めてからも、何度か肉を転がして、余熱でタレをからめます。
※焦げつかないように、トロミが出てきたら火を止め、煮詰め過ぎに注意します。

**3** チャーシューの粗熱が取れたら、好みの厚さにスライスしていただきます。

# ねぎのホイコウロウ

蒸し豚のジューシーな味わいが主役です。
ねぎを最後に加え、やさしい甘味を加えます。

◎おいしさのポイント
ご飯が進む、しっかりとした味つけです。コクのある豚肉に、甜麺醤の甘味と黒酢の酸味を効かせます。

◎アレンジのコツ
たっぷりのキャベツを加えても（125頁参照）。

材料（4人分）
- 蒸し豚…104頁の1/4量
- 長ねぎ…1本
- 片栗粉…小サジ1/3杯
- 唐辛子…1本
- 太白ごま油…小サジ1杯

合わせ調味料（混ぜ合わせておく）
- 甜麺醤…大サジ1杯
- 黒酢…大サジ1/2杯
- 日本酒…大サジ1杯
- 塩…小サジ1/5杯

作り方

**1** 蒸し豚は厚さ5㎜位にスライスし、片栗粉をまぶします（90頁参照）。

**2** ねぎは、幅1㎝の斜め切りにします。唐辛子は、粗くちぎります。

**3** フライパンに太白ごま油と唐辛子を入れて中火にかけ、香りが立ったら、1を入れて炒めます。

**4** 蒸し豚に油が回ったら、合わせ調味料を入れて肉にからませるように炒めます。ねぎを加えて、ざっと炒め合わせて火を止めます。

# 牛すね肉の塩煮

柔らかく煮込んだすね肉。八角を加えて風味良く。

◎アレンジのコツ
煮汁に水を加えて火にかければ、スープ、ラーメンやうどんのつゆに。

材料（作りやすい分量）
- 牛すね肉（シチュー用ブロック）…800g
- 八角…1コ
- 日本酒、水…各カップ1杯
- 塩…大サジ1杯
- 柚子こしょう、香菜…各適宜

作り方
1 牛すね肉は長さを6等分に切り分け、熱湯でさっとゆでます。
2 鍋に1と八角、日本酒、水を入れて火にかけ、煮立ったら弱火にし、フタをして1時間煮ます。塩を加え、火を止めてそのまま冷まします。
3 肉を取り出してスライスし、柚子こしょうと香菜を添えます。
※冷蔵庫で3～4日保存できます。

# 牛すね肉のオイスターソース炒め

オイスターソースと玉ねぎで新たなひと品に。

◎おいしさのポイント
肉は味がついているので、うす味に仕上げます。玉ねぎの甘い香りも、よい風味づけになります。

材料（作りやすい分量）
- 牛すね肉の塩煮…上段2の1/3量
- 玉ねぎ…1コ
- 片栗粉…小サジ1/3杯
- 太白ごま油…大サジ1/2杯
- オイスターソース…大サジ1杯

作り方
1 牛すね肉の塩煮はスライスして、片栗粉をまぶします（90頁参照）。
2 玉ねぎは皮をむいて、厚さ7～8㎜の輪切りにします。
3 炒め鍋に、太白ごま油を入れて中火にかけ、1を入れて油をなじませるように炒めます。2を加えて、甘い香りが出るまでしっかりと炒めます。オイスターソースを加え、ざっと炒めて火を止めます。

# 毎日のスープ

◎知ってうれしいコツ
台所にある、乾物や調味料などをダシにして、いつでも手軽においしいスープが作れます（91頁参照）。

## 豚ひき肉のダシスープ

ひき肉のうま味を、炒めたみそが引き立てます。

材料（4人分）
- 豚ひき肉…50g
- 長ねぎ（小口切り）…1本分
- 太白ごま油…大サジ1杯
- 日本酒…大サジ2杯
- みそ…大サジ4杯
- 水…カップ4杯
- 黒コショー…少々

作り方

**1** 鍋に太白ごま油と豚ひき肉を入れて中火にかけ、肉の色が変わるまで炒めます。日本酒を振り、みそを加えて炒め合わせ、香りが立ってきたら、水を加えます。ひと煮立ちしたら、弱火で5分煮ます。ねぎとコショーを加えて火を止めます。

## 干し椎茸のダシスープ

黒酢のまろやかな酸味とコショーがアクセントです。

材料（4人分）
- 干し椎茸…4枚
- しょう油…大サジ$1\frac{1}{2}$杯
- 黒酢…大サジ2杯
- 粗挽き黒コショー…小サジ$\frac{1}{3}$杯
- 塩…1つまみ　・水…カップ4杯
- ごま油…大サジ1杯
- 片栗粉…大サジ1杯

※水大サジ2杯で溶く。

作り方

**1** 干し椎茸は、水につけてしっかりと時間をかけてもどし、軸を取ってうす切りにします。

**2** 鍋に1、水を入れて中火にかけ、煮立ったら弱火にし、フタをして10分煮ます。しょう油、黒酢、塩、コショーで味つけし、水溶き片栗粉でトロミをつけ、ごま油を加えます。

## 桜エビのダシスープ

桜エビは充分に炒めて、香りを引き出します。

材料（4人分）
- 桜エビ（乾燥）…5g
- 絹ごし豆腐…1丁
- 太白ごま油…大サジ1杯
- 日本酒…大サジ1杯
- 水…カップ3 1/2杯
- 塩…小サジ2/3杯
- 黒コショー…少々

作り方

**1** 鍋に太白ごま油と桜エビを入れて中火にかけ、香りが立ってくるまで炒めます。日本酒を振り、水を加え、ひと煮立ちしたら弱火にし、フタをして5分煮ます。

**2** ひと口大に切った絹ごし豆腐を入れて煮立たせ、塩・コショーで味をととのえて火を止めます。

## 焦がししょう油スープ

しょう油を香ばしく焦がした香り高いひと品。

材料（4人分）
- 玉子…2コ（溶きほぐす）
- 長ねぎ（みじん切り）…1/2本分
- しょうが（みじん切り）…1片分
- 太白ごま油…大サジ1杯
- しょう油…大サジ2杯
- 水…カップ4杯
- 片栗粉…大サジ1杯

※水大サジ2杯で溶く。

作り方

**1** 鍋に太白ごま油、ねぎ、しょうがを入れて中火にかけて炒め、香りが立ったら、しょう油を加えて煮立たせ、香ばしい香りがしたら水を加えます。ひと煮立ちさせ、弱火で3分煮て、水溶き片栗粉を加えます。

**2** 鍋を強火にし、玉子を流し入れます。玉子に火が通って、ふんわりとしたら火を止めます。

# 豆腐を使った料理

◎作り方のコツ
豆腐はしっかり煮ることで、芯まできちんと火が通り、味がよくしみ込みます。きちんと水きりするのも、おいしく仕上げる秘訣。

## 麻婆豆腐

牛肉と豆豉《トウチ》のコクが豆腐にしみて、あとを引くおいしさ。花椒粉《ホワジャオフェン》のぴりりとした刺激がアクセントに。

材料（4人分）
- 木綿豆腐（300gのもの）…2丁
- 牛うす切り肉…100g
- 万能ねぎ…3～4本
- 太白ごま油…大サジ1杯
- 日本酒…大サジ1杯
- 一味唐辛子…小サジ1杯
- 豆板醤…小サジ1杯
- 豆豉（みじん切り）…20g
- しょう油…大サジ1/2杯
- 水…カップ1/2杯
- 片栗粉…小サジ1杯

※水大サジ1杯で溶く。
- 花椒粉…小サジ1杯

作り方

**1** 木綿豆腐はひと口大に切り、ザルにのせて10分おき、水気をきります。牛肉はざく切りにし、万能ねぎは幅5～6㎜の小口切りにします。

**2** 深めのフライパンに、太白ごま油を入れて中火にかけ、牛肉を入れて肉の色が変わるまで炒めます。日本酒を加えてさらに炒め、一味唐辛子、豆板醤、豆豉を加えて香りが立つまで炒め、しょう油を加えます。

**3** 豆腐を加え、くずさないよう2をからめます。水を加えて煮立たせ、弱火にし、フタをして10分煮ます。

**4** 水溶き片栗粉をまわし入れ（90頁参照）、ねぎを散らして花椒粉を振りかけます。

# 家常豆腐《ジャーチャン》

豆腐、きくらげ、竹の子。異なる食感が楽しめます。

材料（4人分）

- 木綿豆腐…1丁（300gのもの）
- きくらげ（乾燥）…5g　・ゆで竹の子（うす切り）…200g
- にんにく…2片（たたきつぶす）
- 片栗粉…小サジ1杯
- 太白ごま油…大サジ1杯

合わせ調味料（混ぜ合わせておく）

- しょう油、甜麺醤、日本酒…各大サジ1杯
- 水…大サジ3杯　・塩…1つまみ

作り方

**1**　きくらげは水でもどし、石突きを除いて洗い、水気をきります。

**2**　豆腐は水気をきって6等分し、片栗粉をまぶします（90頁参照）。

**3**　フライパンに太白ごま油を入れて中火にかけ、2を入れます。表面に焼き色がついたら、1と竹の子、合わせ調味料を加えて煮立たせ、フタをして弱火で5～6分煮ます。火を止める直前ににんにくを加えます。

# 厚揚げの炒め煮

たっぷりのしょうがが味を引きしめます。

材料（4人分）

- 厚揚げ…1枚
- 長ねぎ（ぶつ切り）…1本分
- しょうが（うす切り）…50g
- 片栗粉…小サジ1/2杯
- 太白ごま油…大サジ1/2杯
- オイスターソース…大サジ1杯
- 塩…1つまみ
- 日本酒…大サジ3杯

作り方

**1**　厚揚げはひと口大に切り、切り口に片栗粉をつけます（90頁参照）。

**2**　深めのフライパンに太白ごま油を入れて中火で熱します。厚揚げを切り口を下にして入れ、片栗粉が固まるまでしっかりと焼きます。長ねぎ、しょうがを入れてざっと炒め合わせ、塩、オイスターソース、日本酒を入れて煮立たせます。弱火にし、フタをして5分煮ます。

# 玉子料理

◎作り方のコツ
フライパンで作る玉子料理はじっくりと。かき混ぜ過ぎず、少し固まったら混ぜることをくり返し、ふんわりと焼き上げます。

## 中国風玉子焼き

ねぎの甘味と香りがしっかりと感じられるひと品です。

材料（4人分）
・玉子…4コ　・長ねぎ…1本
・塩…小サジ$\frac{1}{5}$杯　・黒コショー
・太白ごま油…大サジ1$\frac{1}{2}$杯

作り方
**1** ねぎは斜めうす切りにします。
**2** ボールに玉子、塩・コショー少々、1を加えて溶きほぐします。
**3** フライパンに、太白ごま油を入れて中火で熱し、2を流し入れます。弱火にし、少しおいてフチが固まってきたら、菜箸で大きく混ぜます。固まった箇所ができたら大きく混ぜる、を何度かくり返し、菜箸で3つ〜4つの固まりに切り分けます。
**4** 返して、焼き色がつくまで焼き、弾力が出てきたら火を止めます。

## 茶玉子

茶葉の香りを楽しむ、あっさり風味の漬け玉子です。

材料（作りやすい分量）
・固ゆで玉子（カラつき）…10コ
漬け汁
・プーアール茶（茶葉）…20g
・しょう油…カップ$\frac{1}{2}$杯
・塩…小サジ$\frac{1}{2}$杯
・水…カップ2杯

作り方
**1** 鍋に漬け汁の材料を入れて中火にかけます。煮立ったら火を止め、フタをして20分ほど冷まします。
**2** ゆで玉子を軽くたたいて割れ目を入れ、1に一晩漬けます。
※冷蔵庫で約7日保存できます。

# 玉子とトマト炒め

ふんわり玉子にからんだ、トマトのうま味が濃厚です。

材料（4人分）
- 玉子…4コ　・トマト…3コ
- 太白ごま油…大サジ$1\frac{1}{2}$杯
- 塩…小サジ$\frac{1}{5}$杯　・黒コショー
- 片栗粉…大サジ$\frac{1}{3}$杯

※水大サジ1杯で溶く。

作り方

**1**　トマトはヘタを取って乱切りに、玉子はボールに割りほぐします。

**2**　深めのフライパンに太白ごま油を中火で熱し、玉子液を流し入れます。少しおき、フチが固まってきたら、ゆっくり大きく混ぜ、また固まってきたら混ぜ、8割がた固まったら、トマトを入れます。

**3**　トマトをくずさないように炒め、カドがとれてきたら、塩とコショー少々で味をととのえます。水溶き片栗粉を加え、火を止めます。

# 中国風茶わん蒸し

柔らかな蒸し上がり。舌の上でとろけます。

材料（800㎖位の耐熱性大鉢1コ分）
- 玉子…4コ
- 日本酒…大サジ3杯
- 水…500㎖
- 黒コショー…少々
- 塩…小サジ$\frac{1}{3}$杯

タレ（混ぜ合わせておく）
- しょう油…大サジ$\frac{1}{2}$杯
- ごま油…大サジ1杯

作り方

**1**　ボールに玉子を割り入れて、よくほぐします。日本酒、水を加えてよく混ぜ、塩・コショーで味をととのえて、大鉢に流し入れます。

**2**　鍋にお湯を沸かして蒸し器の用意をします。充分に蒸気が上がったら、1を入れて強火で2〜3分蒸し、弱火にして10〜12分蒸します。

**3**　タレをかけて、取り分けていただきます。

# エビチリソース

手作りチリソースのさわやかな酸味と辛味、エビのうま味が口いっぱいに広がります。

◎おいしさのポイント
エビチリのおいしさはソースで決まります。香味野菜は香りが立つまでよく炒め、トマトは適度に水分を残すよう、煮詰め過ぎないのがコツ。トマトのうま味が凝縮したソースをエビが吸って、深い味わいに。

◎たのしさのポイント
トマトは産地や時季、品種によって、甘さに差が出ます。味わいの違いを楽しんでみましょう。

材料（4人分）
- むきエビ…300g
- トマト…3コ
- 豆板醤、オイスターソース…各大サジ$\frac{1}{2}$杯
- 片栗粉…小サジ1杯
- 日本酒…大サジ1杯
- 太白ごま油…大サジ$1\frac{1}{2}$杯
- にんにく（みじん切り）…1片分
- 長ねぎ（みじん切り）…10cm分
- しょうが（みじん切り）…1片分

3

4

5-a

5-b

5-c

6

作り方

**1** トマトは、ヘタをくり抜きます。むきエビは、竹串で背ワタを除きます。

**2** 鍋に湯を沸かし、トマトをくぐらせます。すぐに取り出して皮をむき、粗みじん切りにします。

**3** 2の鍋にエビを入れ、さっとゆでてザルに上げ、しっかりと水気をきります。ボールに移して日本酒を振り、粗熱が取れたら、片栗粉をまぶしてなじませます（90頁参照）。

※片栗粉が、材料に調味料をよくからませる糊の役目をします。

**4** 炒め鍋に、太白ごま油とにんにく、長ねぎ、しょうがを入れて中火にかけ、香りが立ってくるまでよく炒めます。ここに豆板醤を加えてさらに炒めます。

※香味野菜と発酵食品である豆板醤は、きちんと炒めることで香りが立ち、うま味が引き出されます。

**5** 豆板醤の香りが立ったら、2のトマトを加え（a）、なじませるように炒めます（b）。フタをしてフツフツする位の火加減で、半量位になるまで煮詰めます（c）。

**6** オイスターソースを加えて味つけし、3を加えて炒め合わせます。

# 白身魚の烏龍茶葉蒸し

白身魚に茶葉の香りがほのかに移って上品な味わい。蒸した茶葉ごといただけます。

◎おいしさのポイント

茶葉蒸しは、ポピュラーな中国料理。中国茶は、いつでも手に入り、薬膳の元になるものですから、飲むだけでなく、そのまま食べてもよいのです。茶葉は、烏龍茶やプーアール茶、ジャスミン茶など、発酵の進んだものを使うと風味が良くなります。

◎アレンジのコツ

サバなどの青魚を使ってもおいしくできます。茶葉は細かく刻んで使うと、風味がより強くなります。

材料（4人分）

- 白身魚（タラやタイなど）…4切れ
- 烏龍茶（茶葉）…10g
- 上新粉…大サジ1杯

下味

- 塩…小サジ1/2杯
- 黒コショー…少々
- 日本酒…大サジ1杯

作り方

1 烏龍茶の茶葉は、ヒタヒタの熱湯でふやかします。

2 白身魚はひと口大に切り、下味の材料をなじませて、上新粉をまぶします。

※上新粉が素材のうま味を閉じ込め、しっとり蒸し上がるので、冷めてもおいしさが続きます。

3 鍋に湯を沸かして、蒸し器の用意をします。充分に蒸気が上がったら、蒸し器にクッキングシートをしき、1をしきます。2を重ならないように並べて、上にも1をのせ、強火で6分蒸します。

3

# ホタテ貝柱の塩炒め

刻んだ香菜の香りが、ホタテのうま味を引き立てる、シンプルな味わいの炒めものです。
◎準備のポイント
ホタテ貝柱は、下ゆでするひと手間が大切。短時間で炒め上がるので、かたくなりません。

◎この料理の心もち
素材の持ち味を知れば、どう料理するかが見えてきます。うま味の強いホタテ貝柱は、塩・コショーのみの味つけと、たっぷりの香味野菜で、素材そのものの味を生かします。

材料（4人分）
- ホタテ貝柱…300g
- 長ねぎ（せん切り）…10cm分
- 香菜…1～2本
- しょうが（せん切り）…1片分
- 片栗粉…小サジ1/2杯
- 太白ごま油…大サジ1/2杯
- 塩…小サジ1/4杯
- 粗挽き黒コショー…小サジ1/5杯
- ごま油…小サジ1/2杯
作り方

**1** ホタテ貝柱は、熱湯で軽くゆでてからヨコ半分に切ります。水気をきって、片栗粉をまぶします（90頁参照）。

**2** 香菜は、長さ3cmに切ります。

**3** フライパンに太白ごま油を入れて中火で熱し、1を入れて、表面が白く変わるまで軽く炒めます。

**4** 塩・コショーで味つけし、ねぎ、しょうがが、香菜を加えてざっと炒め合わせます。ごま油をかけて香りをつけます。

# 春夏秋冬の鍋

◎この料理の心もち
旬の野菜の持ち味を生かし、たっぷりといただきます。

## キャベツと手羽肉の春鍋

蒸し煮で春キャベツの甘味を引き出します。

材料（4人分）
- 春キャベツ…1コ
※大きめの乱切りにする。
- 鶏手羽肉…4本
- 黒粒コショー…10粒
- 日本酒…カップ1/2杯
- 水…カップ1 1/2杯
- 塩…小サジ1/2杯
- ごま油…大サジ1/2杯

作り方

**1** 鍋に鶏手羽肉、粒コショー、日本酒、水を入れて中火にかけます。煮立ったら弱火にし、フタをして15分煮ます。

**2** キャベツをのせてフタをし、5分煮て火を止めます。塩を振り、ごま油をまわしかけて香りをつけます。

## 羊肉とトマトの夏鍋

たっぷりのトマトとミントが羊肉によく合います。

材料（4人分）
- 羊肉（ラム）…400g
- 太白ごま油…大サジ1/2杯
- トマト…3コ
- 黒コショー…小サジ1/3杯
- 日本酒…大サジ2杯
- しょう油…大サジ2杯
- ミント…適量

作り方

**1** 羊肉はひと口大に切ります。

**2** トマトはヨコ半分に切ります。

**3** 鍋に太白ごま油と1を入れて中火にかけ、肉を転がして表面が白くなるまで焼きます。コショーを振り、トマトをのせて、日本酒、しょう油を加え、煮立たせます。フタをして、弱めの中火で20分煮て火を止めます。ミントを散らしていただきます。

## きのこの秋鍋

4種のきのこを合わせて、味も香りも豊かに。

材料（4人分）
- 舞茸、しめじ…各2パック
- えのき…2袋
- エリンギ…2本
- 油揚げ（せん切り）…2枚分
- 水…カップ3杯
- 黒コショー…小サジ1/5杯

タレ（混ぜ合わせておく）
- ごま油…大サジ1杯
- 塩…小サジ1杯

作り方

**1** 舞茸は大きめに裂き、エリンギはタテ半分に切り、しめじとえのきは石突きを切り落としてほぐします。

**2** 鍋に水、油揚げ、コショーを入れて中火にかけます。煮立ったら弱火にし、フタをして10分煮ます。

**3** 2に1を入れ、中火で5分煮て火を止めます。タレをつけていただきます。

## 豚肉と白菜の冬鍋

甘味を増した冬の白菜に豚肉のうま味がしみ込みます。

材料（4人分）
- 豚バラ肉…250g
- 白菜…800g
- 日本酒、しょう油…各大サジ2杯
- 塩…小サジ1/5杯
- 水…カップ1杯
- 花椒《ホワジャオ》…15粒

作り方

**1** 白菜はタテに幅2cmに切ります。

**2** 1の切り口を立てて、鍋の丸みに沿うように並べます。上に、豚バラ肉を広げてのせ、日本酒と水を加え、花椒を入れて中火にかけます。

**3** 煮立ったら弱火にし、フタをして10分煮ます。塩としょう油で味をつけて火を止めます。

# 玉子とねぎのチャーハン

ねぎの甘味と香ばしいしょう油の風味が効いた、飽きのこない味わいです。

◎作り方のコツ
炒め始めは、よく見ると米粒から蒸気が出ています。表面の水分がとんで、米粒がきちんとほぐれるころには、蒸気は出なくなります。このタイミングで火を止めると、パラリとしたチャーハンができます。

◎知ってうれしいコツ
2人分ずつ作ると、うまく米がほぐれ、パラパラに仕上がります。日本の米は粘りが強いので、炒めるほど粘りが出てしまいます。ご飯を入れてすぐに塩を加え、早めに米表面の水分をとばします。

材料（2人分）
- 玉子…2コ（溶きほぐす）
- 長ねぎ（みじん切り）…1/2本分
- 冷やご飯…350g
- 太白ごま油…大サジ1 1/2杯
- 塩…小サジ1/5杯
- しょう油…大サジ1/2杯
- 黒コショー…少々

作り方

**1** 炒め鍋に太白ごま油を入れて、中火で軽く熱します。玉子を流し入れて、菜箸で手早くほぐします。玉子が固まってきたらねぎを加えて香りが立つまで炒め、ご飯を入れます。

**2** ご飯を広げてすぐに塩を振り、強めの弱火で、米粒をほぐしながらじっくりと炒めます。

**3** 米粒がムラなくほぐれたら、しょう油を鍋肌から入れ、香りを立たせてから全体にからめます。コショーで香りをつけ、火を止めます。

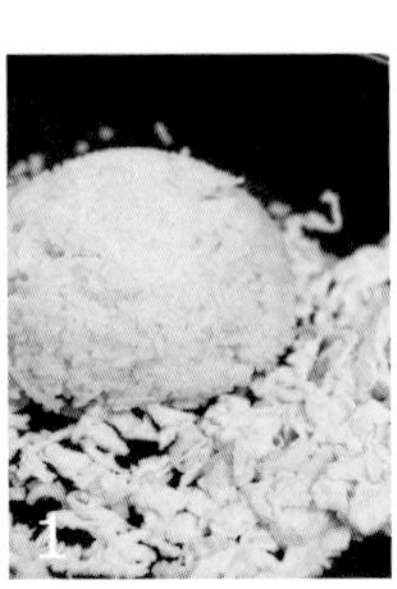

# 炒める麺料理

## 黒酢とねぎの焼きそば

黒酢をさっぱりと効かせ、麺の味わいを生かします。

材料（2人分）
- 焼きそば用蒸し麺…2人分
- 長ねぎ（うす切り）…1本分
- 太白ごま油…大サジ2杯
- 日本酒…大サジ1杯
- 黒酢…大サジ2杯
- しょう油…大サジ1杯
- 粗挽き黒コショー…少々

作り方

1　フライパンに太白ごま油とねぎを入れて中火にかけ、香りが立ったら麺を入れて、菜箸でほぐします。日本酒を振り入れてフタをし、2分蒸し焼きにします。

2　黒酢、しょう油の順に加えて混ぜ、コショーで香りをつけて火を止めます。

## ビーフン

麺が豚肉のうま味を吸っておいしくなります。

材料（2人分）
- ビーフン（乾燥）…150g
※熱湯で10分もどす。
- 豚バラ肉（うす切り）…100g
- 玉ねぎ（うす切り）…1/2コ分
合わせ調味料（混ぜ合わせておく）
- オイスターソース…大サジ1杯
- しょう油…大サジ1/2杯
- 日本酒…大サジ2杯
- 黒コショー…少々
- 水…カップ1/2杯

作り方

1　ビーフンはザルに上げて水気をきり、食べやすい長さに切ります。

2　フライパンに、幅3cmに切った豚バラ肉を入れて中火で炒めます。油が出てきたら玉ねぎを入れて、甘い香りが立つまで炒めます。

3　合わせ調味料を入れて煮立たせ、1を加えて炒め合わせたら、フタをして中火で3分蒸し煮します。水分がなくなるまで炒めて火を止めます。

# 基本のおべんとう術
# 中華のおべんとう

基本は、おかず二品と、主食の組み合わせ。品数を増やさなくても、特別なものでなくても、ふだんのおかずをたっぷり詰めれば、お腹も心も満足できるおべんとうになるのです。

## 肉団子べんとう

肉団子は、酢じょう油ダレをからませて冷めてもおいしく。もちもちの食感の黒米は栄養価も高くおすすめ。

◎準備のポイント
肉団子はタネを余分に作って成形しておけば、時間のない朝にでも手早く作れます。

◎作り方のコツ
おべんとうの味つけは、食卓でいただくときよりも、少し濃いめにし、はっきりとした味に仕上げます。また、肉団子のタレに黒酢を加えることで、傷みにくくなります。

◎この料理の心もち
ご飯と、肉や魚などたんぱく質のおかずを隣合わせて詰めます。仕切りは使いません。互いに水分を吸収したり、発散させ、味が混じるのもおべんとうのおいしさと考えます。

### ◎肉団子

材料（1人分）
- 肉団子のタネ…大きな肉団子（作り方は101頁）の1/3量

合わせ調味料（混ぜ合わせておく）
- しょう油、黒酢…各大サジ1/2杯
- ハチミツ…大サジ1杯
- ごま油…小サジ1杯

作り方
1 肉団子のタネを3等分して、団子状にまとめます。
2 鍋に、水100mlと日本酒50mlを入れて中火にかけて沸騰させ、1を入れます。菜箸で転がし、全体が白っぽくなる位に表面を固めます。
3 合わせ調味料を加えて、煮からめながら火を通します。

### ◎黒米入りご飯

米1合に、黒米大サジ1/2杯を合わせて、ふつうの水加減で炊きます。

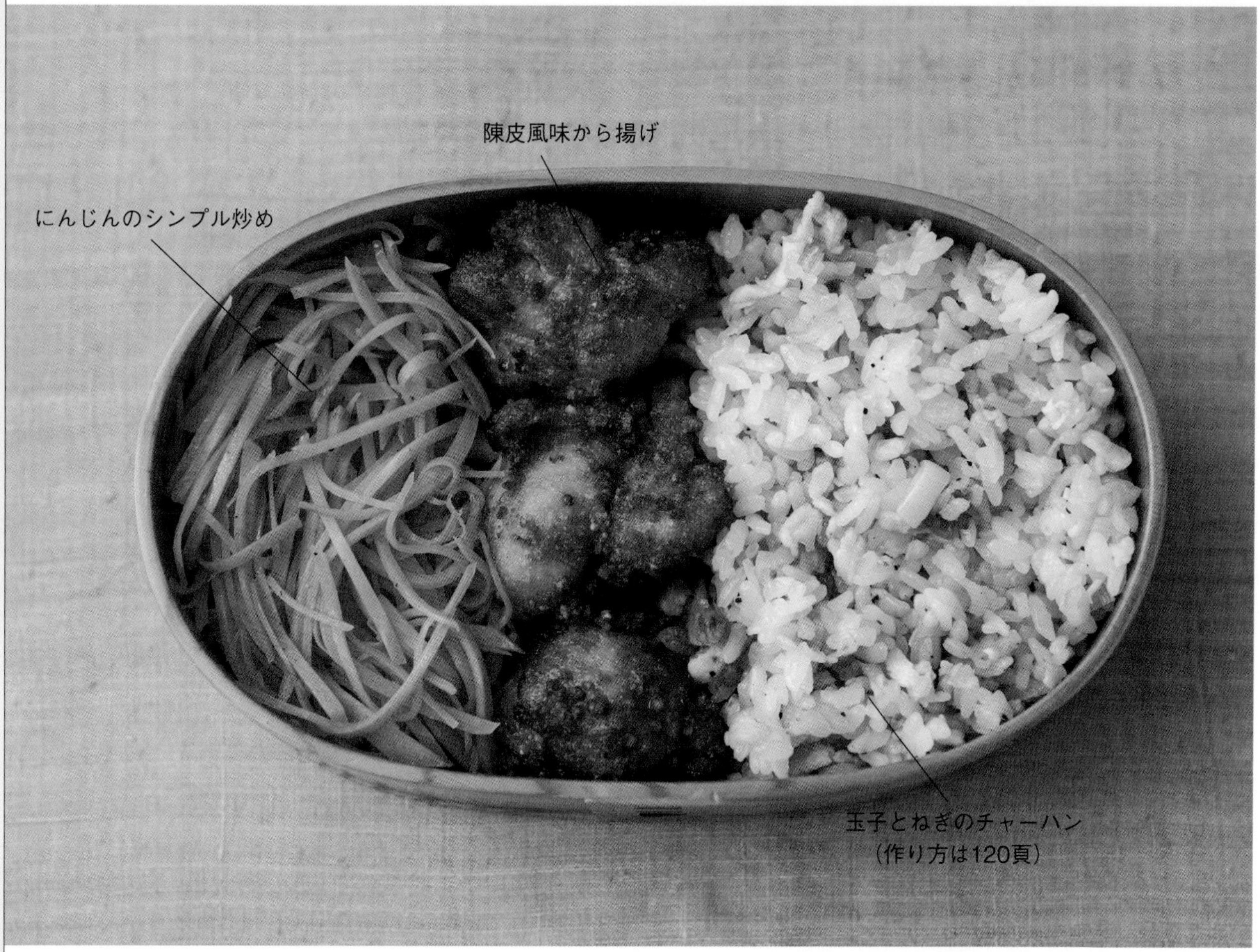


# から揚げべんとう

から揚げは陳皮を加え、あとを引く香り豊かな味わいに。にんじんたっぷりで、野菜不足も補えます。

◎準備のポイント
鶏肉は、前日のうちに下味をして、味をなじませておけば、冷めてからもおいしくいただけます。

◎作り方のコツ
野菜のおかず、肉のおかず、ご飯をそれぞれ同量ずつにするのが、バランスよく詰めるコツです。

## ◎にんじんのシンプル炒め

材料（1人分）
- にんじん…1本
- 塩…小サジ$\frac{1}{5}$杯
- 黒コショー…少々
- 太白ごま油…大サジ$\frac{1}{2}$杯

作り方

**1** にんじんは皮をむいて斜めうす切りにし、ずらして重ね、せん切りにします。

**2** フライパンに太白ごま油とコショーを入れて中火で温め、1を入れて、油をなじませるように炒めます。しんなりとし始めたら、塩で味をととのえ、火を止めます。

※にんじんの塩炒め（92頁）の塩加減を少し強めにし、おべんとう向きにアレンジしました。

## ◎陳皮風味から揚げ

材料（1人分）
- 鶏もも肉…80g
- 日本酒、上新粉…各大サジ1杯
- しょう油…大サジ$\frac{2}{3}$杯
- 陳皮粉…大サジ$\frac{1}{2}$杯
- 揚げ油…適量

作り方

**1** 前日に下ごしらえをします。鶏肉はひと口大に切ってボールに入れ、日本酒、しょう油、陳皮粉を揉み込んで冷蔵庫に一晩おきます。

**2** 1に上新粉をまぶします。

**3** 揚げ油を中火で熱し、カラッと揚げます。

# サバの陳皮煮べんとう

サバのこっくりとした味わいを、黒酢じょう油でさわやかに仕上げます。ご飯が進むおかずです。

◎おいしさのポイント
陳皮はかけらのまま使い、青魚にさわやかな香りを加えます。一緒にいただけば、口の中がさっぱりします。

## ◎焼き野菜

材料（1人分）
- かぼちゃ（厚さ1cm）…2切れ
- 舞茸…50g　・塩…2つまみ
- ごま油…小サジ1杯
- 日本酒…大サジ2杯

作り方

**1**　かぼちゃは、種と皮を除きます。
**2**　舞茸は2つ～3つに分けます。
**3**　フライパンにごま油と1と2を入れて中火にかけ、油をなじませるように焼きます。日本酒を振ってフタをし、弱火で5分蒸し焼きにして、塩で味をととのえます。

## ◎サバの陳皮煮

材料（1人分）
- サバ…80g　・陳皮…2片
- 片栗粉…小サジ1/2杯
- 太白ごま油…大サジ1/2杯

合わせ調味料（混ぜ合わせておく）
- しょう油…大サジ1/2杯
- 黒酢…小サジ1杯
- 日本酒…大サジ3杯

作り方

**1**　サバはひと口大に切り、片栗粉をまぶします。
**2**　鍋に太白ごま油と1を入れて中火にかけ、両面を香ばしく焼きます。陳皮と合わせ調味料を入れて煮立たせ、弱火にしてフタをし5分煮ます。

※陳皮は、みかんの皮。よく洗った皮を天日で干し、カラカラに乾燥させて保存します。大きなままで煮ものやスープに、細かくして肉や魚の下味つけに利用します。

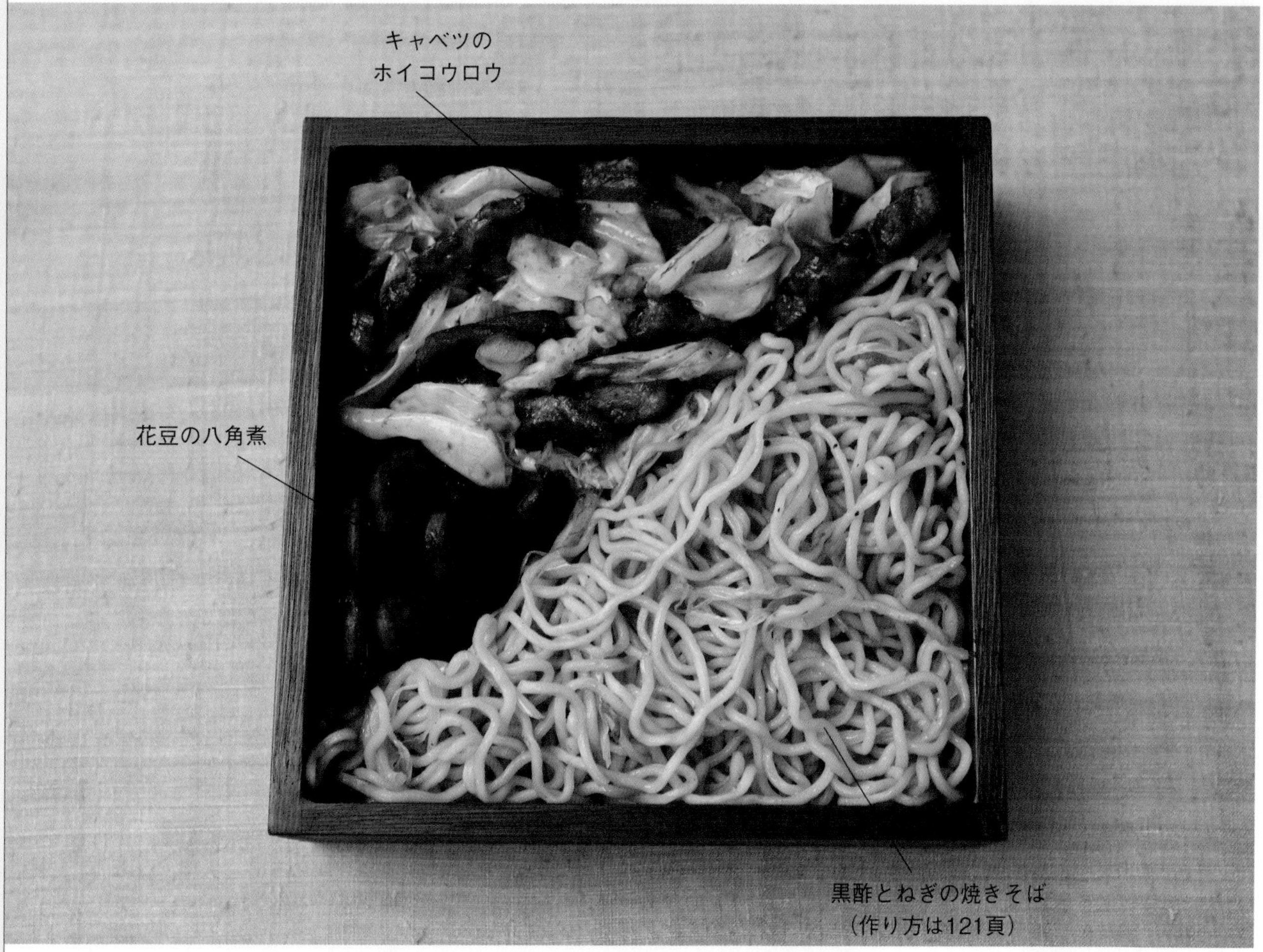


# ホイコウロウべんとう

ホイコウロウのコクのあるみそ味には、シンプルな焼きそばを合わせ、バランスのよいべんとうに。

## ◎キャベツのホイコウロウ

材料（1人分）

- 蒸し豚（作り方は104頁）…スライス2枚
- 片栗粉…小サジ1/3杯
- キャベツ…1/2枚
- 太白ごま油…大サジ1/2杯

合わせ調味料（混ぜ合わせておく）

- みそ…大サジ1/2杯
- 日本酒…大サジ1杯

作り方

**1**　キャベツはひと口大の乱切りにし、蒸し豚は食べやすく切り、片栗粉をまぶします。

**2**　フライパンに太白ごま油を入れて中火にかけ、豚肉を入れて両面を焼きます。合わせ調味料を入れて味つけし、キャベツを加えて炒め合わせます。

## ◎花豆の八角煮

材料（作りやすい分量）

- 紫花豆（乾燥）…250～300g
- 八角…1コ
- 水…カップ3杯
- 塩…小サジ1杯

作り方

**1**　紫花豆はたっぷりの水（分量外）につけて一晩おき、皮がピンとのびるまで充分にもどします。

**2**　1をザルに上げて水をきり、鍋に入れます。八角、水を加えて強火にかけ、煮立ったら弱火にし、フタをして約30分煮ます。塩を加えていったん煮立たせてから火を止めます。そのまま1時間おいて冷まし、味を含ませます。

※甘くない煮豆は、あとを引くおいしさ。常備菜として、まとめて作っておくと重宝します。八角のふくよかな香りが豆の風味を引き立てます。

中 ごちそう

# 年末年始のごちそう
# 集う日の中国料理

大勢でいただく食事は、格別おいしいもの。料理は、楽しい時間を共有する存在です。ふだんから作り慣れた、わが家の自信作が、最高のおもてなしになります。

おもてなしは、あくまでも暮らしの延長線上にあるものです。ふだんの料理がきちんとていねいに作られたものであれば、それこそがごちそう。気負って無理するのではなく、作り慣れたわが家の自信作でお客さまを迎えたいと、ウー・ウェンさんは考えます。忘れてならないのは、作り手も一緒に楽しむこと。台所に入ったきりにならず、皆と食卓を囲んで楽しい時間を共有しましょう。

◎準備のポイント
野菜、肉、魚と種類は豊富に、焼く、炒める、揚げる、蒸すなど調理法も豊かに。まんべんなくふるまうことは、中国では相手を大切に思うことの証。味やメニューに変化をつけることで、皆が最後まで飽きずに楽しめる、そんな、見えない気配りもごちそうです。

◎作り方のコツ
素揚げ野菜や蒸し野菜など、気軽につまめる、箸休めのひと品を用意しましょう。テーブルが空かない心遣いが喜ばれます。

◎この料理の心もち
おもてなしは、わが家のおいしい料理を披露する良い機会です。

# 蒸しもの、揚げもの、炒めもの。バランスの妙に箸が進みます。

## 揚げ野菜と蒸し野菜の盛り合わせ

材料（作りやすい分量）
- ブロッコリー…1コ
- カリフラワー…1コ
- パプリカ（赤・黄）…各1コ
- れんこん…2節
- 揚げ油…適量（カップ1杯ほど）
- 塩、コショー…各適量

作り方
**1** パプリカは、ヘタと種を取り除いて、厚さ1cmの輪切りにします。
**2** れんこんは皮をむいて、厚さ1cmの輪切りにします。
**3** ブロッコリーとカリフラワーはそれぞれ小房に切り分けます。
**4** フライパンに油を入れて160〜170℃の中温に熱します。パプリカとれんこんをそれぞれ素揚げして、アミに上げて油をきります。
**5** ブロッコリーとカリフラワーを充分に湯気が上がった蒸し器に入れ、強火で2〜3分蒸します。
**6** ボールに4と5を入れ、塩・コショーを振ります。ボールをゆすって、味をなじませます。

## エビの炒めもの

材料（4人分）
- 大正エビ…300g
- 片栗粉…小サジ1/2杯
- 太白ごま油…大サジ2杯
- 花椒《ホワジャオ》…10粒
- 唐辛子…2本

合わせ調味料（混ぜ合わせておく）
- しょう油、日本酒…各大サジ1杯
- ハチミツ…小サジ1杯

作り方
**1** 大正エビは、カラつきのまま背に切り込みを入れて背ワタを取り、きれいに洗います。水気をよく拭いて、片栗粉をまぶします。
**2** フライパンに、太白ごま油、花椒、ちぎった唐辛子を入れて中火にかけ、香りが立ったら1を入れ、油をなじませるように炒めます（a）。エビの香りが立って、色が8割がた赤く変わってきたら、合わせ調味料をまわしかけ（b）、フタをして2分蒸し焼きにします。

2-a

2-b

## 蒸し豚の香味野菜タレ

蒸し豚（作り方は104頁）をうすくスライスして皿に盛り、酢じょう油（酢としょう油を1対1で合わせたもの）をまわしかけます。刻んだ香菜や青じそなど、好みの香味野菜をのせていただきます。

※おもてなしのときは、蒸し豚はごくうすく切ります。口あたりが軽くなるので、飽きずに何枚もいただくことができます。

# 肉料理、スープ、そして水餃子。取り分けて食卓を楽しめる献立です。

## 白菜の水餃子

材料（作りやすい分量）
- 白菜の浅漬け…300g
- 黒コショー…少々
- ごま油…大サジ1杯
- 餃子の皮…1袋

作り方

**1** 白菜の浅漬けは、みじん切りにして、水気をギュッとしぼり、ボールに移します。コショーとごま油を入れて混ぜ、下味をつけます。
※漬けものの塩気があるので、味つけはコショーとごま油を加えるだけで充分。中国では、発酵が進んだ酸っぱい自家製の白菜漬けを使います。

**2** 皮の周囲に、水をつけます。
※ゆでたとき、皮の口が外れないよう、まんべんなく濡らします。

**3** 皮の中心に1をのせて半分に折り、中央の1カ所を留めます（a）。人さし指で左側の折り端を折り込んでヒダを作り（b）、右側も同様にします。最後に左右から中央に寄せて留めます（c）。
※最後に口をキュッと合わせると、ひと口大になり食べやすくなります。

**4** 鍋にたっぷりの湯を沸かし、3を4～5コずつ入れます。浮いてきたらすくって、水気をきり、皿に盛ってそのままいただきます。

3-a

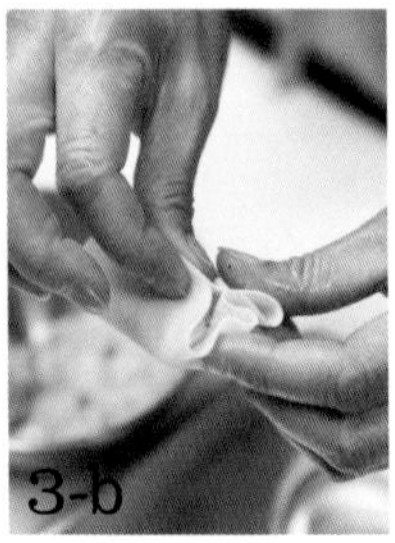
3-b

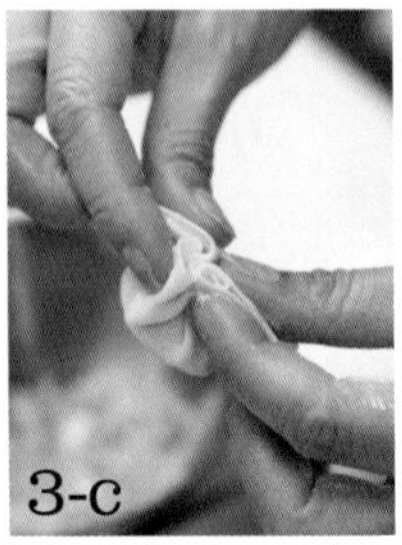
3-c

## トマトと玉子のスープ

材料（4人分）
- トマト…3コ　・玉子…2コ
- 片栗粉…小サジ1/2杯
※水大サジ1杯で溶く。
- 塩…小サジ1/3杯　・黒コショー
- ごま油…小サジ1杯

作り方

**1** トマトは乱切りにします。

**2** 玉子は溶きほぐします。

**3** 鍋に水カップ4杯と1を入れて中火で煮立たせ、2分煮ます。塩・黒コショーを加え、水溶き片栗粉でトロミをつけます。2を入れて火を止め、ごま油で香りをつけます。

## 牛肉と玉ねぎ、クレソンの炒めもの

材料（4人分）
- 牛うす切り肉…300g
- 玉ねぎ…1コ　・クレソン…1束
- コショー…少々　・塩…2つまみ
- 日本酒、太白ごま油、しょう油…各大サジ1杯
- 片栗粉…小サジ1/2杯

作り方

**1** 玉ねぎはヨコに厚さ1cmの輪切りにします。
※切り方にもちょっとした心遣いを。丸いものは円満を表し、ご縁が切れないようにとの意味があります。

**2** 牛肉にコショー、日本酒、片栗粉の順にまぶします。クレソンは3等分に切ります。

**3** フライパンに太白ごま油を入れて中火で熱し、牛肉を入れ、水分が出なくなるまで炒めます。

**4** しょう油と塩を加えて炒め合わせ、1を加え、甘い香りが立つまで炒めます。クレソンを加えてざっと炒めて火を止めます。

3

4

トマトと玉子のスープ
牛肉と玉ねぎ、
クレソンの炒めもの
白菜の水餃子

# 材料別さくいん

「和」、「洋」、「中」のジャンルとともに、おべんとうのメニューは「べ」、年末年始のごちそうメニューは「ご」と記しています。

## ◎野菜のおかず


| 材料 | 料理名 | ジャンル | | 頁 |
|---|---|---|---|---|
| かぶ　昆布 | かぶの千枚漬け | 和 | べ | 41 |
| かぼちゃ　舞茸 | 焼き野菜 | 中 | べ | 124 |
| キャベツ | キャベツの蒸しもの | 中 | | 96 |
| 小松菜　油揚げ | 小松菜の煮びたし | 和 | | 16 |
| 里いも　ごぼう　れんこん　にんじん　鶏もも肉 | 筑前煮 | 和 | | 25 |
| じゃがいも　牛ひき肉 | コロッケ | 洋 | | 58 |
| じゃがいも　玉ねぎ　牛バラ肉 | 肉じゃが | 和 | | 8 |
| じゃがいも　ベーコン | ジャーマンポテト | 洋 | べ | 82 |
| じゃがいも　りんご | フルーツポテトサラダ | 洋 | | 65 |
| 春菊　木綿豆腐 | 春菊の白和え | 和 | ご | 44 |
| 大根 | 大根の炒めもの | 中 | | 93 |
| 大根 | 大根のピリ辛煮もの | 中 | | 95 |
| 大根　鶏ひき肉 | ふろふき大根 | 和 | | 24 |
| チンゲン菜 | チンゲン菜の炒めもの | 中 | | 95 |
| トマト　なす　ズッキーニ　玉ねぎ | ラタトゥイユ | 洋 | べ | 81 |
| にんじん | にんじんの塩炒め | 中 | | 92 |
| にんじん | にんじんのシンプル炒め | 中 | べ | 123 |
| にんじん　かぼちゃ | ボイル野菜とごまマヨソース | 洋 | べ | 83 |
| にんじん　ピーマン | 野菜の春巻き | 中 | | 94 |
| 白菜　椎茸 | 白菜と椎茸の塩味おひたし | 和 | | 31 |
| 白菜　ししとう | 白菜の即席漬け | 和 | べ | 40 |
| 白菜　干しエビ | 白菜の煮もの | 中 | | 96 |
| 白菜の浅漬け | 白菜の水餃子 | 中 | ご | 128 |
| パプリカ　しめじ | 野菜ときのこのマリネ | 洋 | べ | 66 |
| ピーマン | ピーマンの炒めもの | 中 | べ | 93 |
| ブロッコリー | 揚げ野菜と蒸し野菜の盛り合わせ | 中 | ご | 127 |
| ほうれん草　木綿豆腐 | ほうれん草の白和え | 和 | | 15 |
| レタス　きゅうり | 華やかグリーンサラダ | 洋 | ご | 87 |
| レタス　グレープフルーツ | ブロッコリー　フルーツグリーンサラダ | 洋 | | 64 |
| れんこん　豚バラ肉 | れんこんと豚肉のきんぴら | 和 | | 9 |


## ◎肉のおかず


| 材料 | 料理名 | ジャンル | | 頁 |
|---|---|---|---|---|
| 合いびき肉　玉ねぎ | やわらかハンバーグ | 洋 | | 50 |
| 合いびき肉　長ねぎ | 合いびき肉のシュウマイ | 中 | | 103 |
| 合いびき肉　りんご | フルーツハンバーグ | 洋 | | 51 |
| 牛うす切り肉　玉ねぎ | 牛肉と玉ねぎ、クレソンの炒めもの | 中 | ご | 128 |
| 牛小間切れ肉　実山椒 | 牛しぐれ煮 | 和 | べ | 40 |
| 牛スジ肉　こんにゃく | 牛スジとこんにゃくの煮もの | 和 | | 20 |
| 牛すね肉 | 牛すね肉の塩煮 | 中 | | 107 |
| 牛すね肉　玉ねぎ | 牛すね肉のオイスターソース炒め | 中 | | 107 |
| 牛もも肉 | 和風牛肉ステーキ | 洋 | | 53 |
| 鶏ひき肉　玉ねぎ | 大きな肉団子(獅子頭) | 中 | | 101 |
| 鶏ひき肉　玉ねぎ | 肉団子 | 中 | べ | 122 |
| 鶏むね肉　万能ねぎ | 鶏肉の細切り炒め | 中 | | 100 |
| 鶏もも肉 | カリカリ鶏もも肉のソテー | 洋 | | 54 |
| 鶏もも肉 | 陳皮風味から揚げ | 中 | べ | 123 |
| 鶏もも肉 | 蒸し鶏 | 中 | | 98 |
| 鶏もも肉　エリンギ | 鶏肉ときのこの炒めもの | 中 | | 99 |
| 鶏もも肉　きゅうり | バンバンジー | 中 | | 99 |
| 鶏もも肉　しめじ | 鶏もも肉ときのこのソテー | 洋 | べ | 81 |
| 鶏もも肉　マカロニ | 鶏肉のマカロニグラタン | 洋 | | 60 |
| 豚バラ肉　里いも | 豚の角煮 | 和 | | 21 |
| 豚ロース肉 | かんたんローストポーク | 洋 | ご | 87 |
| 豚ロース肉 | 豚のしょうが焼き | 和 | | 28 |
| 豚ロース肉　ごぼう | 豚肉とごぼうのかき揚げ | 和 | | 26 |
| 豚ロース肉　トマト | ポークソテー ア・ラ・トマト | 洋 | | 52 |
| 豚肩ロース肉 | チャーシュー | 中 | | 105 |
| 豚肩ロース肉 | 蒸し豚 | 中 | | 104 |
| 豚肩ロース肉　キャベツ | キャベツのホイコウロウ | 中 | べ | 125 |
| 豚肩ロース肉　香菜 | 蒸し豚の香味野菜タレ | 中 | ご | 127 |
| 豚肩ロース肉 長ねぎ | ねぎのホイコウロウ | 中 | | 106 |
| 豚ひき肉　玉ねぎ | 豚ひき肉のシュウマイ | 中 | | 102 |


## ◎魚介のおかず


| 材料 | 料理名 | ジャンル | | 頁 |
|---|---|---|---|---|
| アカムツ | アカムツの粕漬け焼き | 和 | べ | 41 |
| イカ　トマト　春菊 | イカと野菜の三色ペニエ | 洋 | | 59 |
| イワシ　玉ねぎ | イワシのエスカベッシュ | 洋 | ご | 85 |
| 大正エビ | エビの炒めもの | 中 | ご | 127 |
| むきエビ　トマト | エビチリソース | 中 | | 114 |
| 金目鯛 | 金目鯛の粕漬け焼き | 和 | | 13 |
| 金目鯛　ごぼう　干し椎茸 | 金目鯛の煮つけ | 和 | | 22 |
| 子持ちガレイ | カレイのアーモンドムニエル | 洋 | | 56 |
| サバ　陳皮 | サバの陳皮煮 | 中 | | 124 |
| 白身魚　烏龍茶 | 白身魚の烏龍茶葉蒸し | 中 | べ | 116 |
| 生サーモン | サーモンのソテー | 洋 | | 55 |
| ブリ | ブリの照り焼き | 和 | | 29 |
| ホタテ　九条ねぎ | ホタテと九条ねぎのかき揚げ | 和 | | 26 |

ホタテ貝柱　エビ　魚介のクリームシチュー　洋　72
ホタテ貝柱　香菜　ホタテ貝柱の塩炒め　中　117
マグロ　マグロの粕和え　和　13
真鯛の頭　昆布　鯛の酒蒸し　和　ご　44
むきエビ　玉子　車麩　エビとお麩の玉子とじ　和　14
むきエビ　玉ねぎ　エビと玉ねぎのかき揚げ　和　26
ゆでタコ　きゅうり　タコときゅうりの酢のもの　和　31

◎玉子のおかず
玉子　甘い玉子焼き　和　べ　41
玉子　中国風茶わん蒸し　中　113
玉子　トマト　玉子とトマト炒め　中　113
玉子　鶏もも肉　むきエビ　椎茸　三つ葉　茶碗蒸し　和　30
玉子　長ねぎ　中国風玉子焼き　中　112
玉子　プーアール茶　茶玉子　中　112
玉子　豚バラ肉　かんたんスパニッシュオムレツ　洋　62
玉子　マッシュルーム　きのこのスクランブルエッグ　洋　63

◎豆腐のおかず
厚揚げ　長ねぎ　厚揚げの炒め煮　中　111
豆腐　牛うす切り肉　麻婆豆腐　中　110
豆腐　ゆで竹の子　家常豆腐　中　111

◎乾物のおかず
紫花豆　八角　花豆の八角煮　中　べ　125

◎鍋もの
うどん　鶏もも肉　ハマグリ　白菜　春菊　椎茸　長ねぎ　うどんすき　和　35
牛ロース肉　玉ねぎ　ごぼう　焼き豆腐　白滝　すき焼き　和　10
大根　玉子　ちくわ　餅きんちゃく　小結び白滝　ごぼう天　関西風おでん　和　23
白菜　豚バラ肉　豚肉と白菜の冬鍋　中　119
春キャベツ　鶏手羽肉　キャベツと手羽肉の春鍋　中　118
豚バラ肉　ほうれん草　油揚げ　豚しゃぶ　和　18
舞茸　しめじ　きのこの秋鍋　中　119
羊肉　トマト　羊肉とトマトの夏鍋　中　118

◎スープ・汁もの
アサリ　ベーコン　クラムチャウダー　洋　68
カキ　大根　ほうれん草　カキの粕汁　和　12
九条ねぎ　木綿豆腐　九条ねぎと豆腐のみそ汁　和　36
桜エビ　豆腐　桜エビのダシスープ　中　109
玉子　長ねぎ　焦がしょう油スープ　中　109
玉ねぎ　チーズ　オニオングラタン　洋　69
トマト　きゅうり　ガスパチョ　洋　ご　85
トマト　玉子　トマトと玉子のスープ　中　ご　128
トマト　玉ねぎ　ミネストローネ　洋　67
鶏手羽先　大根　手羽先のうま味ポトフ　洋　70
ハマグリ　かぶ　ハマグリの粕汁　和　ご　44
ハマグリ　長ねぎ　ハマグリのおすまし　和　37
豚小間切れ肉　玉子　三つ葉　豚小間のかき玉汁　和　36
豚ひき肉　長ねぎ　豚ひき肉のダシスープ　中　108
干し椎茸　干し椎茸のダシスープ　中　108
木綿豆腐　梅干し　豆腐のとろみ汁　和　37

◎ご飯・パン・麺類
うどん　油揚げ　九条ねぎ　きざみうどん　和　34
カッペリーニ　トマト　トマトの冷製パスタ　洋　77
ご飯　かき揚げ　かき揚げ丼　和　26
ご飯　牛もも肉　青じそ　肉巻きおにぎり　和　べ　38
ご飯　グリンピース　グリンピースおにぎり　和　べ　38
ご飯　小梅漬け　ゆかり　刻み梅おにぎり　和　べ　38
ご飯　ごぼう　干し椎茸　玉子　車エビ　れんこん　マグロ　ちらし寿司　和　ご　42
ご飯　ししとう　実山椒　ししとうおにぎり　和　べ　38
ご飯　しらす　木の芽　しらすおにぎり　和　べ　38
ご飯　玉子　長ねぎ　玉子とねぎのチャーハン　中　べ　120
ご飯　鶏ひき肉　玉子　グリンピース　鶏そぼろの三色丼　和　11
ご飯　鶏もも肉　玉子　鶏雑炊　和　33
ご飯　鶏もも肉　万願寺唐辛子　きじ焼き丼　和　32
ご飯　豚ひき肉　ドライカレー　洋　べ　83
ご飯　豚ひき肉　なす　夏野菜カレー　洋　73
ご飯　海苔　炒りごま　基本のおにぎり　和　べ　38
ご飯　干し貝柱　干し貝柱のお粥　和　33
ご飯　穂じそ　穂じそおにぎり　和　べ　38
米　牛ももうす切り肉　ビーフストロガノフ　洋　74
米　黒米　黒米入りご飯　中　べ　122
米　里いも　三つ葉　里いもの炊き込みご飯　和　17
米　玉子　オムライス　洋　76
米　玉ねぎ　バターライス　洋　べ　81
米　干しエビ　しょうが　干しエビの炊き込みご飯　和　34
炊き込みご飯　炊き込みご飯おにぎり　和　べ　38
パスタ　ベーコン　かんたんカルボナーラ　洋　78
バンズ　合いびき肉　ハンバーガー　洋　べ　82
ビーフン　豚バラ肉　ビーフン　中　121
ペンネ　トマト　トマトソースペンネ　洋　79
焼きそば用蒸し麺　長ねぎ　黒酢とねぎの焼きそば　中　べ　121

◎その他
玉子　牛乳　焼きプリンのブランデー風味　洋　ご　87

新装保存版
## これで よゆうの晩ごはん

暮しの手帖編集部 編

定価 １６５０円

毎日の晩ごはんを手早く、楽しく、おいしく作りたい。本書は子育て真っ最中の、編集者の思いから生まれました。朝10分ほどの「かんたん下ごしらえ」で、寝かす時間が食材をおいしくしてくれて、夕方にはさっと料理が仕上がります。メインのおかずから、もうひと皿の副菜、あると便利な常備菜まで、食卓がまるごと調う全１３９品をご紹介。肩の力を抜いて、料理に向き合える一冊です。

## 暮しの手帖のクイックレシピ

暮しの手帖編集部 編

定価 １６５０円

台所に立つ時間はできるだけ短く、しかもおいしいものを食べたいというあなたに贈ります。この本は、３つ以内の主材料と、家にある基本の調味料を使って、5～20分で無理なく作ることができる１１４品のレシピ集です。メインになるおかず57品、副菜36品、ご飯・麺類21品のすべてに、調理時間をわかりやすく示し、手早くおいしく仕上げるコツを載せました。忙しい日々にぜひお役立てください。

## 子どもに食べさせたいおやつ

おかあさんの輪 著

定価 １９８０円

育ちざかりの子どもたちにとって、〈四度目の食事〉ともいえるおやつ。市販のお菓子にたよっていていいのかしら……。そんな危機感を持つおかあさんたちが、試作を重ねた手作りおやつの本です。子どもの味覚と健康を考え、砂糖は控えめにしています。さっとできる「毎日のおやつ」、家族で楽しめる「週末のおやつ」、記念日には「特別な日のおやつ」。身近な食材を使い、手軽で作りやすいレシピばかりです。

## 子どもに食べさせたい すこやかごはん

おかあさんの輪 著

定価 １９８０円

食事を通じて子どもの体質改善に取り組む母親のグループによるレシピ集。好評の『子どもに食べさせたいおやつ』に続く第2弾です。本書では、食事をお米、味噌汁、お漬けものを土台とした「和食」にするという提案をしています。穀物と野菜を中心にして、たんぱく質は魚介や大豆からとる。できるだけ身近でとれた旬の食材を使う。味つけは素材の味を生かす。そんな工夫です。もちろん大人もおいしくいただけます。

# おそうざい十二カ月

小島信平 料理
暮しの手帖編集部 編
定価 ３６３０円

日本料理の達人といわれた小島信平さんを先生とする、いわば「おかずの学校」です。毎日のおかずをもっと大切にして、ほんの少しの心遣いでずっとおいしいものを作れるように。１９５６年に『暮しの手帖』でスタートした同名の連載より、２０１品を選んでいます。
編集部が料理を作ってみて、皆で味見をし、好評だったものだけを載せています。贈りものにもおすすめのロングセラーです。

# おそうざいふう外国料理

常原久彌、村上信夫、
戦 美樸 協力指導
暮しの手帖編集部 編
定価 ３９６０円

『暮しの手帖』に掲載したレシピのなかから、西洋ふう88品、中国ふう77品を選び出してまとめました。初版の１９７２年から半世紀にわたり版を重ねています。
帝国ホテルの村上信夫さん、ロイヤルホテルの常原久彌さん、王府《ワンフー》の戦美樸《せんびぼく》さん。昭和後期を代表する三人の名料理人が、作り方をわかりやすく説明します。巻頭には「料理をはじめるまえに」というアドバイスを収録。多くの料理に応用できる技術が身につきます。

# 新版 吉兆味ばなし

湯木貞一 著
定価 １７６０円

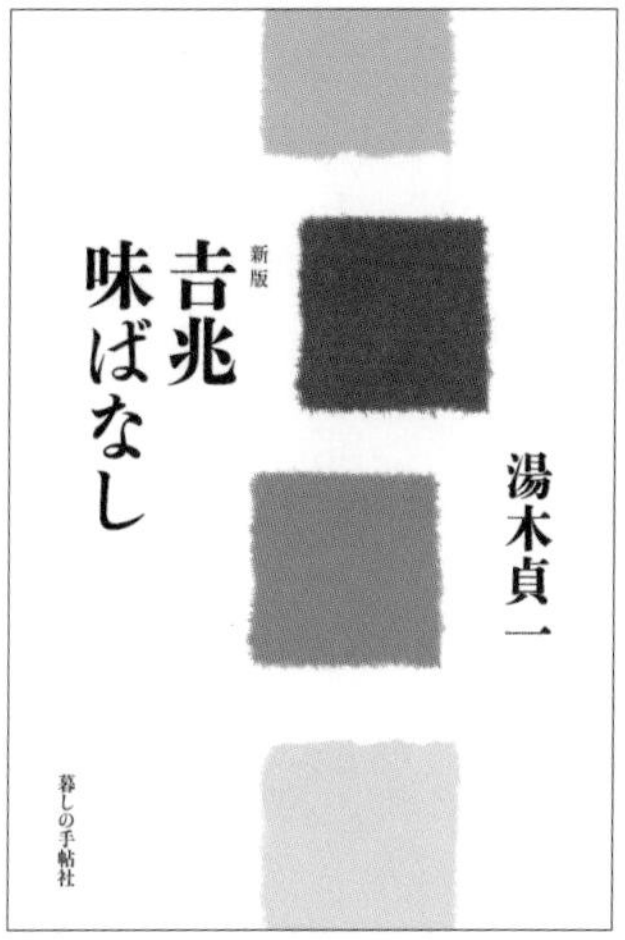


日本料理「吉兆」の創業者である湯木貞一さんが、生涯をかけて得た技を語った名著です。旧版は１９８２年刊行で、今では「料理人のバイブル」としても読みつがれています。
話の引き出し役は『暮しの手帖』編集長だった花森安治が務めました。季節の食材の生かし方、味の加減や盛り付けなど、日本料理の極意が語られています。
吉兆さんの味を家庭で、と願った花森の思いが実った一冊です。

# 暮しの手帖の評判料理

暮しの手帖編集部 編
定価 １９８０円

『暮しの手帖』に掲載した、野菜・肉・魚のおかず、ごはんや麺類、スープ・汁・鍋ものなどから、長年にわたり読者に好評だったおそうざい１４７品を収録しました。
ていねいな説明で、これから自炊をはじめる若い方や、食生活でも自立をめざす中高年の男性にも、わかりやすいと定評があります。
白菜などの漬けもの12種、料理の基本になる、和風ダシやトリガラスープのとり方、庖丁の正しい研ぎ方も掲載しました。

## 暮しの手帖のおべんとうのおかず204

暮しの手帖編集部 編
定価 1540円

バリエーション豊かなおべんとうが、手早くおいしく作れると好評の別冊を書籍化しました。大庭英子さんの「定番素材のおかず」50品、川津幸子さんの「朝20分で作るおべんとうのおかず」39品、今泉久美さんの「野菜中心のヘルシーおかず」33品、ワタナベマキさんの「子どもと中高生のおかず」40品、そのほか「付け合わせおかず」26品と「ご飯とパン」16品をご紹介します。

## 神田裕行のおそうざい十二カ月

神田裕行 著
定価 2420円

『ミシュランガイド東京』で、16年連続三つ星（日本料理で最多）を獲得する「かんだ」主人の神田裕行さんが伝授する、「少ない材料で作りやすい」「適度なうま味だから飽きがこない」「できたても翌日もおいしい」おそうざいの本です。定番、四季の味など62品を収録しています。

一つの料理をまずは三度、作ってみてください。作るほどに、ずっとおいしい「わが家の味」になるものです。

## 手づくり調味料のある暮らし

荻野恭子 著
定価 1980円

料理研究家の荻野恭子さんが日々の暮らしに取り入れている、手づくり調味料のレシピ集です。豆板醤やXO醤、コチュジャンに魚醤、ウスターソースなど世界各地の調味料から、米みそやしょう油といった身近なものまで、幅広くご紹介しています。

原材料からこだわることができ、保存料などの添加物を使用せずに作れて「安心・安全」。想像以上の手軽さです。調味料を生かした季節ごとの展開料理も重宝します。

## 暮らしを美しくするコツ509
## 続 暮らしを美しくするコツ609

暮しの手帖編集部 編
定価 各1320円

『509』は、掃除と収納、もっとおいしい料理、洗濯とアイロン、健康的に続けるダイエット、心地よい睡眠の5つのテーマを収録。

『609』は、台所仕事の工夫とアイデア、省エネ生活、食品の冷凍と解凍、手芸・裁縫の知識、美肌のための提案、育児としつけの6つのテーマを収録しました。

もしも億劫になったら、それぞれの巻末に付いている「コツのための9のコツ」をご覧ください。

# 嫁入り道具の花ふきん教室

近藤陽紹子 著

定価 1650円

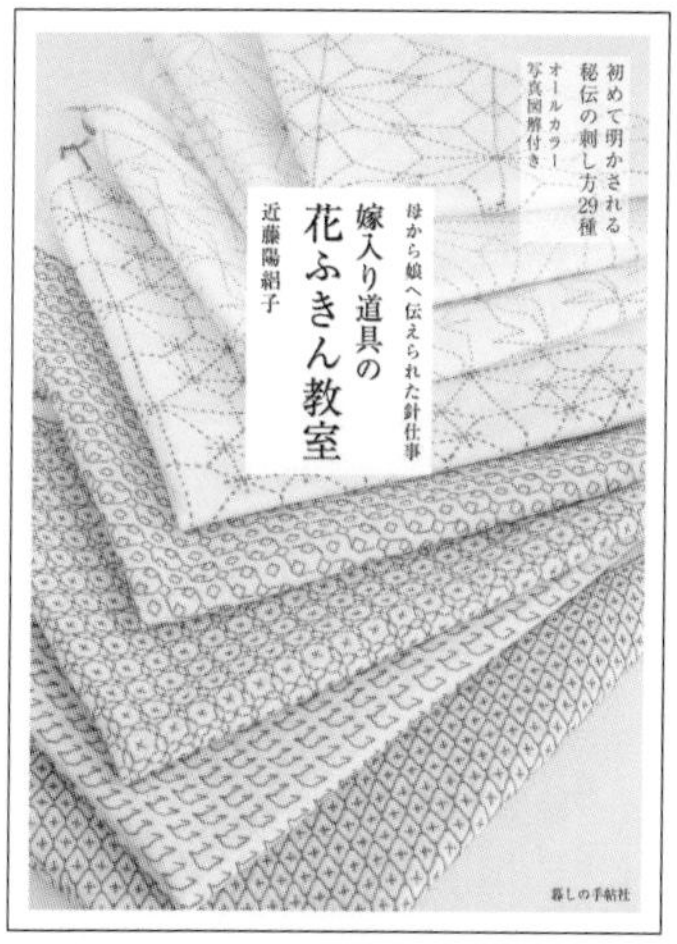


秋田には、母が娘の幸せを願い、刺し子を施した「花ふきん」を嫁入り道具に持たせる風習がありました。本書では著者の近藤陽紹子さんが、これまで手ずから教えてきた技法をお伝えします。

自然や花などの「模様刺し」と、下線を引かない「地刺し」の図案29種を、オールカラーの写真図解付きでご紹介。大切な人や、自らの暮らしを思い浮かべ、ただ無心に針を運ぶ。そんな豊かな時間をお過ごしください。

# すてきなあなたに

大橋鎭子 編著

定価 2640円

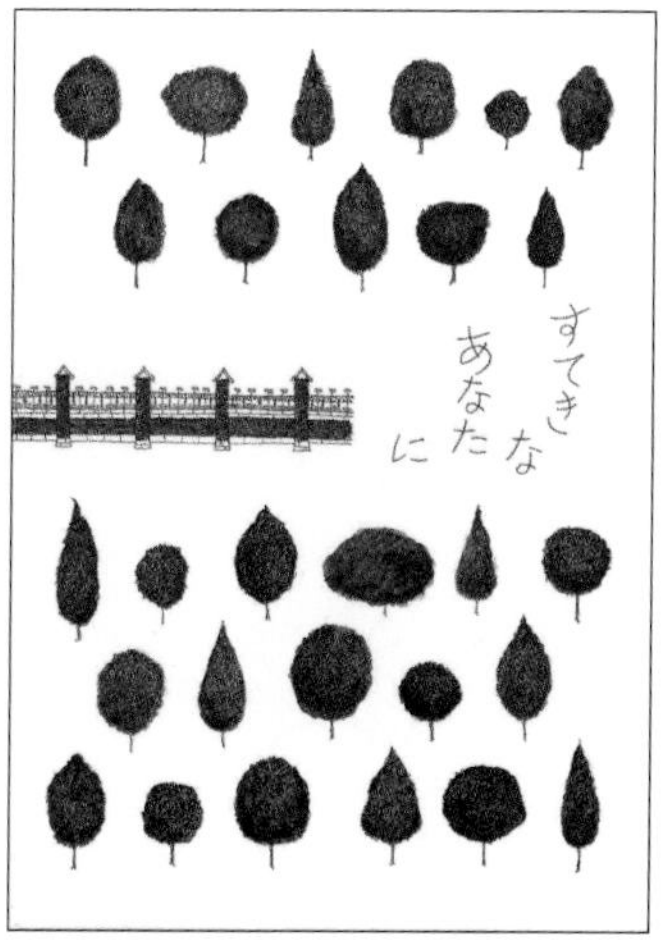


1969年に始まり、現在も続く『暮しの手帖』の連載「すてきなあなたに」。連続テレビ小説『とと姉ちゃん』で主人公のモチーフとなった、暮しの手帖社創業者の大橋鎭子が、長く編集を担当していました。

296編のお話を、月ごとにまとめた全12章。花森安治が装釘した、函入り上製の美しい本です。おいしいもの、おしゃれをする心持ち、人との関わりなど、暮らしのささやかな出来事とその余韻が心にしみわたります。

# 美しいものを

## 花森安治のちいさな絵と言葉集

暮しの手帖編集部 編

定価 1760円

花森安治が『暮しの手帖』の編集長を務めた約30年間に、誌面に描いた挿画は、大小合わせて数千点に及びます。緻密な線から美しさやユーモアが生まれ、誌面に華やかさを加えました。挿画は、『暮しの手帖』らしさをかもしだす、大切な要素でした。

本書には、膨大な「ちいさな絵」から、線画を中心に約500点を集め、花森が残した暮らしにまつわる言葉を添えています。花森の美学の結晶をお楽しみください。

# 昔話の扉をひらこう

小澤俊夫 著

定価 2000円

人間の声は、相手の心に深く残り、人生を支える力があると語る、昔話研究の第一人者、小澤俊夫さん。スマートフォンやテレビを見る時間が長くなった今、子どもたちに生の声で物語を聴かせる機会は、いっそう大切になっています。人と人とをつなげる力、人生観や自然観、子育てのヒントなど、昔話が育むゆたかな世界へ、あなたをご案内します。

特別収録 ◎小さなお話集 全17話 ◎二人の息子との初めての鼎談（小澤淳さん、小沢健二さん）

■表示の価格は、税込（10%）です（2023年3月現在）。

新装保存版　暮しの手帖の基本料理

二〇二三年三月三十一日　初版第一刷発行

著　者　暮しの手帖編集部

発行者　阪東宗文

発行所　暮しの手帖社　東京都千代田区内神田一ノ十三ノ一　三階

電　話　〇三－五二五九－六〇〇一

印刷所　凸版印刷株式会社



ISBN978-4-7660-0233-1　C2077　